中華古籍保護計劃

ZHONG HUA GU JI BAO HU JI HUA CHENG GUO

·成果·

王國維　撰

古本竹書紀年輯校　今本竹書紀年疏證

國家圖書館出版社

圖書在版編目(CIP)數據

古本竹書紀年輯校·今本竹書紀年疏證／王國維撰.—北京：國家圖書館出版社,2021.11(2025.2 重印)
(國學基本典籍叢刊)
ISBN 978-7-5013-6706-1

Ⅰ.①古… Ⅱ.①王… Ⅲ.①中國歷史—古代史—編年體 ②《竹書紀年》—注釋 Ⅳ.①K204.3

中國版本圖書館 CIP 數據核字(2019)第 050903 號

書　　名 古本竹書紀年輯校·今本竹書紀年疏證
著　　者 王國維　撰
責任編輯 南江濤　潘雲俠
重印編輯 田秀麗
封面設計 徐新狀

出版發行 國家圖書館出版社(北京市西城區文津街7號　100034)
(原書目文獻出版社　北京圖書館出版社)
010-66114536　63802249　nlcpress@nlc.cn(郵購)
網　　址 http://www.nlcpress.com
印　　裝 河北三河弘翰印務有限公司
版次印次 2021年11月第1版　2025年2月第7次印刷

開　　本 880×1230　1/32
印　　張 6
書　　號 ISBN 978-7-5013-6706-1
定　　價 20.00 圓

《國學基本典籍叢刊》編委會

《國學基本典籍叢刊》前言

國家圖書館出版社（原書目文獻出版社 北京圖書館出版社）成立三十多年來，出版了大量的中國傳統文化典籍。由於這些典籍的出版往往采用叢書的方式或綫裝形式，供公共圖書館和大學圖書館典藏使用，普通讀者因價格較高、部頭較大，不易購買使用。爲弘揚優秀傳統文化，滿足廣大普通讀者的需求，現將經、史、子、集各部的常用典籍，選擇善本，分輯陸續出版單行本。每書之前均加簡要説明，必要者加編目録和索引，總名《國學基本典籍叢刊》。歡迎讀者提出寶貴意見和建議，以使這項工作逐步完善。

編委會

二〇一六年四月

王國維先生的《竹書紀年》研究(代序)

一、汲冢書的發現、整理和流傳

西晉初年汲冢書的發現，是中國古代文獻史上的一件大事，王國維先生曾説：

> 古來新學問起，大都由於新發見。……自漢以來，中國學問上之最大發現有三：一爲孔子壁中書，二爲汲冢書，三則今之殷虚甲骨文字、敦煌塞上及西域各處之漢晉木簡、敦煌千佛洞之六朝及唐人寫本書卷、内閣大庫之元明以來書籍檔册。〔一〕

西晉咸寧五年(279)〔二〕汲郡(今河南汲縣)人不准盜發界内古冢，發現數十車戰國時代的竹

〔一〕王國維：《最近二三十年中中國新發見之學問》，原載《科學》雜志 1926 年第 6 期，收入《王國維全集》第 14 卷，浙江教育出版社、廣東教育出版社，2009 年，第 239 頁。

〔二〕關於汲冢書出土的時間，史書上有各種不同的説法，如咸寧五年、太康元年、太康二年以及元康十年等。

簡，經過整理，得書七十五篇，計有：

《紀年》十三篇，『記夏以來至周幽王爲犬戎所滅，以事接之，三家分，仍述魏事至安釐王之二十年。蓋魏國之史書，大略與《春秋》皆多相應』；

《易經》二篇，『與《周易》上下經同』；

《易繇陰陽卦》二篇，『與《周易》略同，《繇辭》則異』；

《卦下易經》一篇，『似《說卦》而異』；

《公孫段》二篇，『公孫段與邵陟論《易》』；

《國語》三篇，『言楚晉事』。

《名》三篇，『似《禮記》，又似《爾雅》《論語》』；

《師春》一篇，『書《左傳》諸卜筮』；

《瑣語》十一篇，『諸國卜夢妖怪相書也』；

《梁丘藏》一篇，『先叙魏之世數，次言丘藏金玉事』；

《繳書》二篇，『論弋射法』；

《生封》一篇，『帝王所封』；

《大曆》二篇，『鄒子談天類也』；

《穆天子傳》五篇，『言周穆王游行四海，見帝臺、西王母』；

《圖詩》一篇，『畫贊之屬也』；

雜書十九篇：《周食田法》《周書》《論楚事》《周穆王美人盛姬死事》。

『大凡七十五篇，七篇簡書折壞，不識名題。』〔一〕

在這些文獻中，影響最大、争議最大、最具文獻學意義的當屬《竹書紀年》。原因主要有三點：一是《竹書紀年》的内容，多有與儒家理想中聖君賢臣的故事相違異者，如舜囚堯、太甲殺伊尹；二是糾正史事錯誤，如《史記》記戰國事，年代多有混亂，《竹書紀年》的發現，解決了《史記》的錯誤；三是其在文獻學上的意義：從文獻的整理到文獻的流傳，從文獻的輯佚到文獻的辨僞，都是一個絶佳的範例。

《竹書紀年》從出土之日起，就充滿了争議。首先是西晉初年的整理工作。由於汲冢係盗掘，盗墓人任意踐踏，甚至取墓中竹簡照明，官方聞報接收後又『收書不謹』，因此簡策淆亂殘缺，整理

〔一〕《晉書·束皙傳》，中華書局點校本，1974 年。以下引二十四史，皆用中華書局點校本。朱希祖先生《汲冢書考》指出，《紀年》十三篇當爲十二篇之誤，一則據《隋書·經籍志》，《紀年》爲十二卷，另有《竹書同異》一卷；二則若作十三篇，則汲冢書總數爲七十六篇，與下文『大凡七十五篇』之數不合。朱説是。

起來十分困難。最早受命負責汲冢書整理工作的是時任中書監兼掌秘書監的著名學者荀勖。王隱《晉書》載：

> 荀勖領秘書監。太康二年，汲郡冢中得古文竹書，勖躬自撰次，吏部注寫，以爲《中經》，列於秘書，經傳闕文，多所證明。〔一〕

當時的校理活動是有分工的：首先是中書監兼領秘書監荀勖『撰次』，即編集排比散亂之簡，然後由『吏部』亦即負責具體事務的領中書令和嶠〔二〕等負責『注寫』，亦即文字隸定、内容注釋、編纂成書，例如汲冢書中最受關注的《紀年》即由和嶠編定成書，因此荀勖在提到《紀年》時説：『和嶠云：「《紀年》起自黄帝，終於魏之今王。」』〔三〕《史通》亦云『和嶠《汲冢紀年》』〔四〕，大概劉知幾所見，即署名『和嶠』校理。汲冢各書成後，統一著録於荀勖領銜編纂的《中經新簿》〔五〕。

〔一〕《北堂書鈔》卷五七引王隱《晉書》，日本東洋文化研究所藏明萬曆二十八年（1600）序刊本。另見《太平御覽》卷二百三十三『職官部·秘書監』引《晉諸公贊》。

〔二〕《晉書·禮志中》。

〔三〕《史記·魏世家》集解引荀勖語。

〔四〕（唐）劉知幾：《史通·雜述》。

〔五〕《中經》，魏秘書郎鄭默纂，晉秘書監荀勖在其基礎上增訂纂成《中經新簿》，參見《隋書·經籍志》。

《中經新簿》仿劉向、歆校書體例，各有叙録，〔二〕故南宋初年《中興館閣書目》著録的『竹書』中同屬汲冢書的三種殘書皆有荀勖叙録。〔三〕由於汲冢書數量較大，性質也特殊，荀勖的《中經新簿》在『丁部』（集部）下專設有『汲冢書』一類。〔三〕

大概荀勖、和嶠的整理結果在當時就有不同意見，因此繼荀勖、和嶠之後，還有不少學者繼續整理，持續的時間很長，《晉書·王接傳》載：

時秘書丞衛恒考正汲冢書，未訖而遭難。佐著作郎束晳述而成之，事多證異義。時東萊太守陳留王庭堅難之，亦有證據。晳又釋難，而庭堅已亡。散騎侍郎潘滔謂接曰：『卿才學理議，足解二子之紛，可試論之。』接遂詳其得失。摯虞、謝衡皆博物多聞，咸以爲允當。〔四〕

〔二〕西晉初，荀勖『俄領秘書監，與中書令張華依劉向《别録》，整理記籍。……及得汲郡冢中古文竹書，詔勖撰次之，以爲《中經》，列在秘書』（《晉書·荀勖傳》）。今本《穆天子傳》尚存有荀勖叙録全文。

〔三〕（宋）章如愚：《山堂先生群書考索》卷十六引《中興館閣書目》：『《竹書》……此本止有第四、第六及《雜事》三卷，下皆標云荀氏叙録，一紀年，一（二）紀令應，二（三）雜事，悉皆殘缺。』

〔三〕《隋書·經籍志》。

〔四〕《晉書·王接傳》。

據朱希祖先生研究，汲冢書的整理大概分爲三期：第一期自太康二年（281）至太康八、九年（287—288），爲荀勖、和嶠分編時期，《穆天子傳》《竹書紀年》（初定本）皆於此期寫定；第二期自永平元年（291）二至六月，爲衛恒考正時期，後因衛恒爲楚王瑋所害中止；第三期自元康六年（296）至永康元年（300）『爲束皙考正寫定時期，《紀年》重行改編，於是十六種七十五篇全部告成』〔二〕。

汲冢書的整理，與今日出土文獻的整理有相同處，也有不同處。相同處，都經歷了簡册的清理、文字的隸定、篇章次序的排列、内容的考訂等環節；不同處，則是在整理的方法上，與今日出土文獻整理完全忠實於出土文獻不同，當時學者在整理時帶有很强的主觀色彩，會根據自己已有的歷史知識與歷史觀念對出土文獻内容加以重編、删節、補充和注釋，以符合儒家正統觀念與社

〔二〕朱希祖：《汲冢書考》，中華書局，1960年，第43頁。力案：朱希祖先生所謂『十六種』，是將『雜書十九篇』算作一種，實際上，『雜書』包括《周食田法》《周書》《論楚事》《周穆王美人盛姬死事》等四篇，因此汲冢所出書，經整理後共有十九種。

會主流思想，這也是中國古代學術史的普遍現象。〔二〕

汲冢出土的文獻種類較多，有些文獻内容相關或相近，因此，難免有分合、混淆，有的因爲内容相關，後來乾脆就合在一起了，如荀勖整理本就將原《穆天子傳》五篇與《周穆王美人盛姬死事》一篇合編爲現今通行的六卷本《穆天子傳》。古代學者在引用汲冢書特别是《竹書紀年》時，常常將其與同出於汲冢的《穆天子傳》《瑣語》《師春》和《周書》相混，之所以出現這種情況，有可能在西晉初年整理時就互相參校、混淆了，也有可能是在流傳過程中混淆了，至少唐代劉知幾所見《瑣語》就與《晉書·束皙傳》所稱之『諸國卜夢妖怪相書』完全不同，分爲《夏殷春秋》《晉春秋》，〔三〕内容與《竹書紀年》相近，杜預《春秋經傳集解·後序》及《晉書·束皙傳》載屬於《竹書紀年》文字的『益爲啓所誅』『太甲殺伊尹』『文丁殺季歷』等，在唐代劉知幾作《史通》時，已引作《汲冢瑣語》

〔二〕參見拙稿《今本竹書紀年研究》，《四川大學學報叢刊》第28輯《研究生論文選刊》，1985年10月； 又譯載於《中國社會科學》英文版1993年第3期；《今古本〈竹書紀年〉之三代積年及相關問題》，《四川大學學報》1997年第4期。

〔三〕（唐）劉知幾：《史通·六家》。

了〔二〕。究竟是當初汲冢書的整理本不同，還是後來在流傳過程中汲冢各書的混淆，由於缺乏史料，已難詳考。諸如此類的情況，應當是唐宋以前古書所引《竹書紀年》的不同傳本以致矛盾的一個重要原因。

汲冢書在整理完成以後，其中一些書可能因爲與傳世的圖書內容相近，如《易經》《易繇陰陽卦》《卦下易經》《國語》等，或者內容非傳統學術的主流，或殘缺過甚，如《名》《梁丘藏》《周食田法》《論楚事》等，很快就因不被人重視而湮没無聞，以致失傳了，有的可能衹剩下節選本，如內容近乎小説的《瑣語》《師春》〔三〕之類。以宋初引書最多的大型類書《太平御覽》所附的引用書目

〔二〕（唐）劉知幾：《史通·疑古》。按：《史通·疑古》：『按《汲冢瑣語》云：「舜放堯於平陽。」』又云：『《汲冢書》云：「舜放堯於平陽，益爲啓所誅。」又曰：「太甲殺伊尹，文王（力按：應爲「丁」之誤）殺季歷」，凡此數事，語異正經。其書近出，世人多不之信也。』據其文意，引文中所稱『《汲冢書》』即『《汲冢瑣語》』。

〔三〕北宋黄伯思云：『今觀中秘所藏《師春》，乃與預説全異：預云「純集卜筮事」，而此乃記諸國世次及十二公歲星所在，并律吕、謚法等，末乃書《易》象變卦，又非專載《左氏傳》卜筮事，繇是知此非預所見《師春》之全也。』（《東觀餘論·校定師春書序》）

《太平御覽經史圖書綱目》〔一〕來看，汲冢書中衹有《竹書紀年》《穆天子傳》《汲冢周書》〔二〕等幾種。

現存西晉以後官私目録最早著録《竹書紀年》的是唐初編成的《隋書·經籍志》，其史部古史類著録了『《紀年》十二卷，《汲冢書》，并《竹書同異》一卷』。《舊唐書·經籍志》則著録爲『《紀年》十四卷』，《新唐書·藝文志》同《舊唐書》，并注明爲『汲冢書』。唐人注《史記》等亦多引《紀年》，北宋初期，《紀年》大概仍是頗爲流行之書，宋初《太平御覽》不僅在引用書目中注明了《竹書紀年》，書中也大量引用，是引用《竹書紀年》最多的一種古籍。直到北宋中期劉恕作《通鑑外紀》，還屢屢引用《竹書紀年》。但是，北宋慶曆編成的官修書目《崇文總目》及南宋晁公武《郡齋讀書志》、陳振孫《直齋書録解題》及元代馬端臨《文獻通考》皆不著録。北宋元祐中向屬國高麗徵集圖書，編有《求書目録》，在所附書目中，就包括了『《汲冢紀年》一十四卷』。〔三〕南宋張邦基

〔一〕《四部叢刊》三編影印日本静嘉堂文庫藏宋本《太平御覽》，上海商務印書館，1935—1936年。

〔二〕關於《汲冢周書》，學術界争議較大。早在汲冢竹簡出土之前，即已有名爲《周書》（《逸周書》）的圖書傳世，晉初孔晁爲之作注。今本《周書》，或題《逸周書》，或題《汲冢周書》，其中一些篇章有孔晁注，一些篇章無孔晁注。竊以爲今本《逸周書》（《汲冢周書》）即汲冢之前傳世之《周書》與汲冢出土之《周書》的混合本，大致而言，有孔晁注者爲傳世之本（或者汲冢出土之《周書》，内容與之相同），無孔晁注者疑即出於汲冢者。此事當另爲文詳考。

〔三〕（李朝）鄭麟趾：《高麗史》卷十《世家·宣宗》，韓國國立漢城大學奎章閣檔案館藏鈔本。

云：『今汲冢中竹書唯此書（指《穆天子傳》）及《師春》行於世。餘如《紀年》《瑣語》之類，復已亡逸。』〔一〕不過，南宋淳熙中陳騤編纂的《中興館閣書目》著録有《竹書》殘本，南宋章如愚《山堂考索》載：

> 《竹書》……此本止有第四、第六及《雜事》三卷，下皆標云荀氏叙録，一紀年，一紀令應，二雜事，悉皆殘缺，《崇文總目》不著録（《書目》）。〔二〕

需要注意的是，後人多將此三卷《竹書》誤認爲即《竹書紀年》十二卷或十三卷中的三卷，〔三〕筆者認爲，該三卷本『竹書』爲汲冢書的統稱或合編本，并非專指《竹書紀年》，大概衹有『紀年』部分爲《竹書紀年》，其餘則爲汲冢他書，否則，便不會『下皆標云荀氏叙録』了。元初所編《宋史·

〔一〕（宋）張邦基：《墨莊漫録》卷九。

〔二〕（宋）章如愚：《山堂先生群書考索》卷十六，《中華再造善本》影印元延祐七年圓沙書院刻本，北京圖書館出版社，2006年。又見（宋）王應麟《玉海》卷四十七『晉竹書紀年、古文官書、古文釋』條引《中興書目》，《中華再造善本》影印國家圖書館藏元至元六年慶元路儒學刻本。力案：章氏所引『《書目》』，即陳騤《中興館閣書目》。據『下皆標云荀氏叙録』一句分析，此三卷應爲汲冢所出三種不同書合編，如是一書，則不當『皆標云荀氏叙録』，此三卷大概包括《竹書紀年》一卷、《師春》一卷及雜鈔汲冢書一卷，不過，書缺有間，已難詳考。

〔三〕（清）姚振宗：《隋書經籍志考證》卷十二《紀年十二卷汲冢書并竹書同異一卷》，1936年開明書店排印《師石山房叢書》。

藝文志》著録有《紀年》三卷，可能是鈔録自《中興館閣書目》。

北宋官修《崇文總目》未著録《竹書紀年》成爲《竹書紀年》流傳史中的一個關鍵，此後，《竹書紀年》或顯或隱，流傳之迹杳渺難稽，不少學者據此推斷《竹書紀年》大約亡於此時。

《竹書紀年》之復顯於世，是明天一閣主人范欽刊行之後。范欽，明代著名藏書家，嘗官兵部右侍郎。嘉靖末，范欽告老歸鄉，在家鄉寧波築天一閣以收藏圖書。大約在萬曆初年，范氏選擇其藏書中的稀見之本二十一種陸續刊刻行世，稱《范氏奇書》，其中包括題『沈約注』的二卷本《竹書紀年》〔二〕。此後，其他書商紛紛據范氏本翻刻、重刻，常見者有《古今逸史》本、《秘書廿一種》本、《廣漢魏叢書》本等。各本雖然文字略有異同，但都屬於同一系統，後來人們習慣將其稱爲『今本《竹書紀年》』，以與從唐宋以前古書所引中輯出的《竹書紀年》即所謂『古本《竹書紀年》』相區別。

明代後期復顯於世的二卷本《竹書紀年》，在行世後相當長的一段時間内并没有引起太大争

〔二〕程平山先生謂『今本《竹書紀年》初爲民間坊刻，由坊刻爲范欽等所獲，錯謬甚多，今所見最早的版本爲明范欽天一閣本』。謂今所見最早版本爲天一閣本自然不誤，然云先有民間坊刻而後爲范欽所得，蓋猜測之語，於史無據。程説見《竹書紀年考（上）》，中華書局，2013 年，第 142 頁。

議，明代胡應麟、焦竑、李維楨、何楷，清初顧炎武、任啓運等都曾大量引用，還出現了不少校注本。

在清代有名的學者中，最早對『今本《竹書紀年》』提出懷疑的大概是馬驌。馬驌一方面懷疑當時流行之本非汲冢原本，云：

> 按《紀年》，近代人僞作，固非汲冢原本，而所載殷王之名及年數，不知何據也。〔一〕

不過，馬驌又在其《繹史》中大量引用《竹書紀年》。〔二〕清代另一位考據大家閻若璩也對沈約注本提出過懷疑：

> 按朱子有《答林擇之書》，使之求《汲冢竹書紀年》。此書今不傳，傳者贋本。〔三〕

閻氏明確指出了當時通行之本爲『贋本』，但并没有作進一步的研究。

〔一〕（清）馬驌：《繹史》卷十六《太戊盤庚之賢》，王利器整理，中華書局，2002 年，第 203 頁。

〔二〕《繹史》卷十二：『《紀年》：帝啓元年癸亥，大饗諸侯於鈞臺。諸侯從帝歸於冀都。大饗諸侯於璿臺。二年，費侯伯益出就國。』案，此條出自沈約注本《竹書紀年》；又曰：『《紀年》：益干啓位，啓殺之。此好事者爲之也。』案，此條出於《晉書·束皙傳》及《史通·疑古、雜説上》所引，爲所謂『古本《紀年》』。蓋馬氏以爲『古本《紀年》』有悖儒家經典之義，故視之爲異端詖説也。

〔三〕（清）閻若璩：《尚書古文疏證》卷四，上海古籍出版社影印清乾隆十四年（1749）眷西堂刻本，1987 年，第 290 頁。

清乾隆以後，以錢大昕、《四庫全書總目》、崔述、姚振宗爲代表，對沈約注本《竹書紀年》進行了全面的否定。

錢大昕在其《十駕齋養新録》中有專文考證『今本《竹書紀年》』爲明人僞造，其證據包括：『今本』文字與古書所引《紀年》不同；『今本』春秋以後仍以周王紀年，與杜預、束晳所言春秋以後以晉魏紀年不同；『今本』注中有『不知是何年，附此』等語，因此判斷『此書蓋采摭諸書所引補湊成之』；古書不言《紀年》有沈約注，而『今本』附注多采《宋書·符瑞志》，可證其爲托名沈約；《晉書·束晳傳》等謂《紀年》記事起於夏代而『今本』始於黄帝等。[一]與錢大昕同時的王鳴盛意見大致相同。[二]崔述也有一篇《竹書紀年辨僞》，將唐宋以前古書所引《竹書紀年》文字與『今本《竹書紀年》』對照，謂二卷本的《竹書紀年》『乃近代人僞作，非晉、唐人所見之書』[三]。《四庫全書總目》考證『今本』爲明人僞造的證據則更多地從『今本』與古書所引不同，并歷數古書引《紀

[一]（清）錢大昕：《十駕齋養新録》卷十三『《竹書紀年》』，《續修四庫全書》影印復旦大學藏清嘉慶刻本，上海古籍出版社，2002年。

[二]（清）王鳴盛：《蛾術編》卷十二『《竹書紀年》』，清道光二十一年（1841）世楷堂刻本。

[三]（清）崔述：《竹書紀年辨僞》，《考古續説》卷二，《崔東壁遺書》，上海古籍出版社，1983年，第460－463頁。

年》文字而爲『今本』所無，以證『今本』非唐宋以前人所見之本。〔二〕稍後，姚振宗更進一步指認『今本』作僞者爲明天一閣主人范欽，云：

按《竹書紀年》，宋時僅存殘雜本三卷，《中興書目》及《宋志》所載者是也。《晁志》《陳録》《馬考》皆無其目，錢氏已言之。此外，如明《文淵閣書目》《世善堂書目》亦無此書，是明代并此三卷亦亡矣，而獨見於范氏《天一閣書目》，云『《竹書紀年》二卷，梁沈約附注，明司馬公訂，刊板藏閣中』。司馬公者，謂其遠祖范欽。……乃知今本二卷稱沈約注者，爲范欽所輯録，其小字夾行之注，亦欽所爲也。……《提要》及《養新録》皆證爲明人作僞，不知作僞者乃鄞人范欽也。……范與鄞人豐坊同時，坊僞作《石經大學》《子貢詩傳》《申培詩説》，詭言古本以欺世，范亦僞作此書以自欺欺人，其附沈約之注，別無他據，唯欲以奇書炫俗耳。〔三〕

清道光中，錢大昕的同鄉後學朱右曾對當時流行的『今本《竹書紀年》』與唐宋以前古書所引

〔二〕《四庫全書總目》卷四十七『《竹書紀年》二卷』，通行本。

〔三〕（清）姚振宗：《隋書經籍志考證》卷十二《紀年十二卷汲冢書并竹書同異一卷》，1936年開明書店排印《師石山房叢書》，第219頁。

《竹書紀年》進行過對比研究，指出：

> 秦政燔書，三代事迹泯焉。越五百歲，古文《紀年》出於汲縣冢中，而三代事迹復約略可覩。學者錮於所習，以與太史公書及漢世經師傳説乖牾，遂不復研尋，徒資異論。越六百餘歲而是書復亡（亡於北宋，説詳後）。不知何年何人，捃拾殘文，依附《史記》，規仿紫陽《綱目》，爲今本之《紀年》，鼠璞溷淆，真贋錯雜，不有别白，安知真古文之可信，與今本之非是哉！最其大凡，今本之可疑者十有二，真古文之可信者十有六。……於是廣搜故册，掇拾叢殘，録爲一帙，注其所出，考其所異同，附以蕪説，名之曰《汲冢紀年存真》。〔一〕

不過，有一點值得注意，《汲冢紀年存真》所輯《竹書紀年》，上起黄帝而非夏代，而這正是大多數學者認爲『今本《竹書紀年》』爲明人僞造的關鍵性證據。

在朱右曾之前，就有不少學者在注釋『今本《竹書紀年》』時，或從古書中輯出今本不載者以補充之，或以古書所引與今本不同而考辨之，嘉慶中陳逢衡的《竹書紀年集證》、雷學淇的《考訂竹書

〔一〕（清）朱右曾：《汲冢紀年存真·序》，《續修四庫全書》影印清道光朱氏歸硯齋刻本，上海古籍出版社，2002年，第1－3頁。

紀年》等可爲代表。朱右曾的《汲冢紀年存真》是第一個專門將古書中所引《竹書紀年》文字輯出以與『今本』相區別的《竹書紀年》輯佚本。如果説，朱右曾之前懷疑、否定『今本《竹書紀年》』的學者主要是比較二者體例、文字與史事的異同以證『今本』爲僞，而朱右曾所作的工作則更爲細緻、更爲具體。從其書名『存真』來看，表明朱右曾認爲祇有古書所引《紀年》，纔是汲冢真本，而明代後期纔出現的『今本』就是贋本。因此，自朱右曾《汲冢紀年存真》出，『今本《竹書紀年》』與『古本《竹書紀年》』遂判若涇渭：一個專指從唐宋以前古書中輯出的《竹書紀年》，即所謂『古本《竹書紀年》』，一個則專指明代後期出現的二卷本《竹書紀年》，即所謂『今本《竹書紀年》』。同時，對後者持懷疑、否定態度的學者也越來越多，到 1917 年王國維先生《古本竹書紀年輯校》與《今本竹書紀年疏證》問世，『古本《竹書紀年》』爲汲冢真本，而『今本《竹書紀年》』爲僞書之説幾成定讞，又經過梁啓超先生等學者的闡揚發揮，『今本《竹書紀年》』與『僞古文《尚書》』一樣，成爲了中國古代『僞書』的典型，王國維先生《今本竹書紀年疏證》也成爲了古籍辨僞的樣板。

王國維先生對《竹書紀年》的認識，有一個變化的過程。1911 年，王國維先生撰《國學叢刊序》，云：

> 治《毛詩》《爾雅》者，不能不通天文博物諸學……必如西人之推算日食，證梁虞劆、

唐一行之説，以明《竹書紀年》之非僞……〔一〕

王國維先生這裏所説的《竹書紀年》指的是『今本《竹書紀年》』〔二〕。稍後，王國維先生觀書於羅振玉大雲書庫，得讀朱右曾《汲冢紀年存真》，於是對『今本《竹書紀年》』的認識逐漸改變。但是，王國維先生對於『今本《竹書紀年》』的態度始終是矛盾的：一方面，1917 年初王國維先生撰《殷卜辭所見先公先王考》《殷卜辭中所見先公先王續考》時，引用了『今本《竹書紀年》』考證商人先公王亥事，并謂：

> 《紀年》一書，亦非可盡信者，而王亥之名竟於卜辭見之，其事雖未必盡然，而其人則確非虚構。可知古代傳説存於周秦之間者，非絶無根據也。〔三〕

但稍後，在編纂《古本竹書紀年輯校》《今本竹書紀年疏證》時，王國維先生對『今本《竹書紀年》』又持完全否定的態度：

〔一〕王國維：《國學叢刊序》，《觀堂别集》卷四，上海古籍書店影印《王國維遺書》本，1983 年。

〔二〕『今本《竹書紀年》』載夏仲康『五年秋九月庚戌朔，日有食之』，周幽王六年『冬十月辛卯朔，日有食之』，周平王『五十一年春二月乙巳，日有食之』，而『古本《竹書紀年》』并無日食的相關文字，可知王國維先生所指《竹書紀年》爲『今本《竹書紀年》』。

〔三〕王國維：《殷卜辭中所見先公先王考》，《廣倉學宭學術叢編》第十四册，1917 年。

余治《竹書紀年》，既成《古本輯校》一卷，復怪今本《紀年》爲後人搜輯，其迹甚著，乃近三百年學者疑之者固多，信之者亦且過半。乃復用惠、孫二家法，一一求其所出，始知今本所載殆無一不襲他書。其不見他書者，不過百分之一，又率空洞無事實，所增加者年月而已。且其所出，本非一源，古今雜陳，矛盾斯起。既有違異，乃生調停，糾紛之因，皆可剖析。夫事實既具他書，則此書爲無用；年月又多杜撰，則其説爲無徵。無用無徵，則廢此書可，又此《疏證》亦不作可也。然余懼後世復有陳逢衡輩爲是紛紛也，故寫而刊之，俾與《古本輯校》并行焉。〔二〕

不過，王國維先生晚年在清華學校研究院的講義《古史新證·殷之先公先王》係據《殷卜辭中所見先公先王考》及《續考》改寫，其中仍然引用『今本《竹書紀年》』以爲證據。〔三〕王國維先生對『古本』、『今本』《竹書紀年》的系統整理，始於1917年《殷卜辭所見先公先王考》《殷卜辭中所見先公先王續考》文成之後。1917年3月12日、17日羅振玉兩封致王國維信都提到了王國維之《紀年》輯本（指《古本竹書紀年輯校》），可見此時《輯校》已基本完成，并已送羅

〔二〕王國維：《今本竹書紀年疏證·序》，《廣倉學宭學術叢編》第十七、十八册，1917年。

〔三〕王國維：《古史新證》第三章『殷之先公先王』，清華大學出版社，1994年，第6－49頁。

振玉。《古本竹書紀年輯校·序》稱寫定時間爲1917年的『閏二月』，4月4日在致羅振玉的信中提到如何署名，因此，《輯校》的最後定稿應該是1917年4月初，首刊於王國維先生主編的《學術叢編》第十五册。

1917年3月，就在《古本竹書紀年輯校》基本定稿之時，王國維先生着手對『今本《竹書紀年》』進行梳理。1917年3月10日王國維致羅振玉書云：

> 近日取各書校《竹書紀年》下卷，所根據已盡搜出，惟上卷，以首數頁爲最，猶有不能得其出處者。今本爲明人輯本無疑，今本繫年亦甚不可恃……現擬爲此書疏證，并列一繫年表，庶還其真。〔一〕

信中所稱之《竹書紀年》，即『今本《竹書紀年》』。《今本竹書紀年疏證》的正式完稿，據王國維先生《今本竹書紀年疏證》序，時在『丁巳孟夏』（1917年），首刊於《學術叢編》第十七、十八册。以後二書又皆收入《王忠慤公遺書》和《海寧王静安先生遺書》。

〔一〕王慶祥、蕭文立校注，羅繼祖審訂《羅振玉王國維往來書信》，第246頁。

二、關於《古本竹書紀年輯校》

《古本竹書紀年輯校》（簡稱『《輯校》』）是在朱右曾《汲冢紀年存真》（簡稱『《存真》』）的基礎上加以簡化、校勘而成，故王國維先生自擬署名爲『嘉定朱〇〇輯録，下署〇〇校補』〔一〕。《輯校》，顧名思義，包括『輯』與『校』，但實際上主要是『校』，同時還有不少重要的考證。

《存真》輯録古書所引《紀年》非常認真，因此《輯校》在《存真》基礎上補輯佚文并不多，但却非常重要，如《存真》記晉烈公在位之年爲十五年，但《輯校》却定爲二十二年，其依據是《太平御覽》卷八百七十九引《史記》：『二十二年，國大風，晝昏，自旦至中。明年，大子喜出奔。』王國維先生注：『《史記》，今《史記》無此文，當出《紀年》。』〔二〕并考證云：

《史記·晉世家》索隱引《紀年》，魏武侯以晉桓公十九年卒。以武侯卒年推之，則烈公當卒於是年。烈公既卒，明年，大子喜出奔，立桓公，後二十年爲三家所遷，是當時以

〔一〕1917年4月7日王國維致羅振玉信，《羅振玉王國維往來書信》，第246頁。

〔二〕力案：《太平御覽》引『《史記》』，除司馬遷所撰之《史記》外，還有一種題爲『《史記》』，其行文與《竹書紀年》極爲相似，其中部分內容可能來自《竹書紀年》。方詩銘、王修齡先生有考，詳《古本竹書紀年輯證》，上海古籍出版社，1981年，第161－162頁。

桓公爲未成君，故《紀年》用晉紀元，蓋訖烈公。明年，桓公元年，即魏武侯之八年，則以魏紀元矣。《御覽》引晉烈公二十二年，知《紀年》用晉紀元訖於烈公之卒。《史記》索隱引魏武侯十一年、二十二年、二十三年、二十六年而無七年以前年數，知《紀年》以魏紀元自武侯八年後始矣。至《魏世家》索隱引武侯元年封公子緩，則惠成王元年之誤也。

校正文字與史事，是《輯校》的主要工作。古書所引《竹書紀年》本來情況就比較複雜，同一事，各書所引或有不同，因此，當要以《竹書紀年》原來的體例按年編排時，就存在着如何從衆多不同的引文中選擇的問題。朱右曾算不上歷史學家，因此《存真》在這方面并未有太多的研究、考證。王國維則不同，不僅對古籍中所引的異文進行了校定，對若干史事也進行了考證。

《存真》係商先公王亥賓於有易并被有易之君緜臣所殺、上甲微遂假師於河伯以伐有易事於夏后泄時，而《輯校》則以王亥、上甲微之事年代無可考而置於卷末所附『無年世可繫者』類下。《存真》係周人祖先后稷於夏桀時，書『不窋之昜孫』，同樣，《輯校》亦改置於卷末『無年世可繫者』類下。

戰國編年素極混亂，因《竹書紀年》的發現，許多問題得以解決。但是，『古本《竹書紀年》』多隻言片語，『今本《竹書紀年》』戰國部分又多出於後人補輯，因此還有不少問題需要細心考證排比。《史記·晉世家》索隱引《紀年》：『魏文侯初立，在敬公十八年。』《存真》據此將『魏文侯初立』繫於晉敬公十八年。不過，朱右曾似乎已經發現了問題，在晉烈公十五年下注云：

> 索隱云：『《紀年》文侯五十年卒。』考文侯立於晉敬公十八年，《晉世家》索隱有明文可據。是歲，當周考王七年，至此歷三十八年，當周安王五年。《魏世家》云：『文侯三十八年卒』是也。若果有五十年，則文侯初立應在晉敬公六年，又與《晉世家》索隱所引不合，應闕疑。

於此，王國維先生就朱右曾之疑分析說：

> 案《魏世家》索隱引《紀年》，文侯五十年卒，武侯二十六年卒，由武侯卒年上推之，則文侯初立當在敬公六年，《索隱》作十八年，『十八』二字乃『六』字，誤離爲二也。〔二〕

《輯校》遂將『文侯初立』改繫於晉敬公六年。在《輯證》中，王國維先生基於對史事的考證，還校改了不少，尤其是在戰國田齊、於越相關史事的編年譜排上，與《存真》差異很大。《存真》還有一些字如夏胤甲因避諱改爲『允甲』，《輯校》則改回本字，但又缺末筆以示對遜清的尊崇。

《存真》輯『古本《紀年》』，晚近之書亦被納入，包括一些與『今本』可能同源的文字，如：

〔二〕王國維：《古本竹書紀年輯校》晉敬公六年。

> 堯有聖德，封於唐，夢攀天而上。（《鴻書》）
>
> 舜耕於歷。夢眉長與髮等，遂登庸。（《鴻書》）
>
> 夏禹未遇，夢乘舟月中過，而後受虞室之禪。（《鴻書》）

《鴻書》，明萬曆中劉仲達所輯類書，有萬曆三十九年（1611）刻本，顯然，王國維先生以《存真》此數條實出『今本《竹書紀年》』，遂刪去。

《存真》幾乎每條下都有注釋，同時，朱右曾又據他書補入了不少『古本《竹書紀年》』原本沒有的內容，可以說，《存真》既是《竹書紀年》的輯本，同時又是一個注本和增補本。《輯校》將朱注和增補部分悉數刪除，僅存引文出處，如有異文，則略加說明。

《輯校》的另一項工作即是恢復《竹書紀年》的體例和行文風格。古書引《紀年》，多概括言之，故體例、文字與《竹書紀年》原文有所不同，如《存真》：『禹都陽城。（《漢書・地理志》注、《續漢書・郡國志注》）』案《漢書・地理志》注作『臣瓚曰：《世本》禹都陽城，《汲郡古文》亦云居之，不居陽翟也。』《輯校》以爲『禹都陽城』行文不類《紀年》原文，且臣瓚注作『亦云居之』，故改作：『居陽城』。

值得注意的是，在若干涉及《紀年》真僞的關鍵性文字，《輯校》似爲有意省略。朱右曾《存真》『仲壬』下書：

伊尹祠桐宫，歌曰：『日月有常，星辰有行。四時從經，萬姓允誠。於予論樂，配天之靈。遷於聖賢，莫不咸聽。鼚乎鼓之，軒乎舞之。精華以竭，褰裳去之。』(《通鑑綱目前編》帝舜十五載引《尚書大傳》『日月有常』云云，注曰：『此歌《汲冢竹書》亦有之，然誤在伊尹祠桐宫之下。』)

《通鑑綱目前編》，《四庫全書》作《資治通鑑前編》，宋末金履祥纂，其帝舜紀下云：

十有五載，帝載歌。(注：《虞夏傳》曰：『維十有五祀，祀者貳尸。日月有常，星辰有行，四時順經，萬姓允誠。……』此歌《汲冢竹書》亦有之，然誤在伊尹祀桐宫之下。)

金履祥《通鑑前編》有景定甲子(宋理宗景定五年，1264年)序，則是書當成於宋末，所謂『《汲冢竹書》亦有之』，是金履祥曾親見《竹書紀年》，衹是年代誤繫於伊尹祠桐宫之下。『今本《竹書紀年》』帝舜下大字注亦有此歌。前人包括王國維先生指『今本《竹書紀年》』爲後人僞作，其重要證據之一就是『今本《竹書紀年》』爲明人鈔録沈約《宋書·符瑞志》以冒充沈約注，而金履祥所見，顯然與王國維先生的論斷相矛盾，因此《輯校》删除了這一部分。

三、關於《今本竹書紀年疏證》

《今本竹書紀年疏證》(簡稱《疏證》)是王國維先生在古籍辨僞方面的代表作。王國維先生

《疏證》的方法，與歷來相信『今本《竹書紀年》』爲汲冢所出真本的學者不同，主要是找出與古書所引相同者，以此作爲『今本《竹書紀年》』鈔襲的『真贓』，找出不同者以此作爲『今本《竹書紀年》』後出、編造的證據，找出『今本《竹書紀年》』中的各種矛盾、錯誤，以證明『今本《竹書紀年》』編排混亂。這種考證方法，用王國維先生自己的説法，乃用惠棟、孫志祖『捕盜者之獲得真贓』之法，『一一求其所出，始知今本所載殆無一不襲他書』。而過去相信『今本《竹書紀年》』的學者則以爲『今本《竹書紀年》』與古書所引相同者，正爲『今本《竹書紀年》』出於汲冢、淵源有自的證據；不同，闕佚者正可作爲『今本《竹書紀年》』的異文與補充，在這方面，陳逢衡《竹書紀年集證》是其代表。事實上，王國維先生之作《疏證》，所針對的正是陳逢衡等：『余懼後世復有陳逢衡輩爲是紛紛也，故寫而刊之，俾與《古本輯校》并行焉』；但另一方面，王國維先生在很短的時間内就完成了《今本竹書紀年疏證》，其資料來源，也正是利用了陳逢衡的《竹書紀年集證》等其他相信『今本《竹書紀年》』爲汲冢真本的集注、集校、集證成果。

王國維先生《疏證》就『今本《竹書紀年》』文字逐條『求其所出』，這是全書的主要部分。另一項工作就是對『今本《竹書紀年》』的錯誤矛盾加以簡單的考證。現就後一部分做一簡單分析。

作爲一位歷史學家，王國維先生利用歷史考證的方法來指出『今本《竹書紀年》』的問題，如『今本《竹書紀年》』：

（帝嚳高辛氏）十六年，帝使重帥師滅有鄶。

王國維先生疏證：

《逸周書·史記解》云：『昔有鄶君，嗇儉滅爵，損禄群臣，卑讓上下，不臨後□小弱，禁罰不行，重氏伐之，鄶君以亡。』案：重氏，蓋國名，作僞者删『氏』字，以爲重黎之重，遂繫之帝嚳時。

這是通過對史事的考證，以證明『今本《竹書紀年》』編者因不瞭解古史而誤删，可以説，這是有很强的説服力的。又如商王陽甲，『今本《竹書紀年》』文如下：

陽甲（原注：一名和甲）名和。

王國維先生疏證：

《大荒北經》注引《竹書》曰：『和甲西征，得一丹山。』案：隸書『和』『祖』二字形相近，『和甲』疑即『祖甲』之訛。此據郭注訛字，乃有『陽甲名和』之説矣。

在《古本竹書紀年輯證》中，王國維先生也提到了這一點，并將郭璞注《山海經》引《紀年》文字『和甲西征，得一丹山』一句改繫於祖甲時。不過，陽甲與祖甲世系相差很遠，『陽甲名和』之説的來源是否如王國維先生所説，尚待進一步考證。

通過對地名溯源，以證『今本《竹書紀年》』之僞，是王國維先生《疏證》最受稱道的地方。『今本《竹書紀年》』：

（帝舜有虞氏）五十年，帝陟。義鈞封於商，是謂商均。后育，娥皇也。鳴條有蒼梧之山，帝崩，遂葬焉。今海州。

王國維先生疏證：

案《隋書·地理志》：『東海郡，梁置南、北二青州，東魏改爲海州。』此附注如出沈約，不當有『今海州』語。考《困學紀聞》五云：『蒼梧山在海州界。』此作僞者所本。

根據『海州』得名在沈約身後的東魏時期，以此證明『今本《竹書紀年》』托名沈約注的錯誤。同時，根據《困學紀聞》的相關文字，指出『今本《竹書紀年》』注釋『蒼梧之山』之所本，這便是所謂『捕盜者之獲得真贓』。

《疏證》所采用的底本，看來并非『今本《竹書紀年》』最早的天一閣本。《疏證》：

（周武王十七年）冬十有二月，王陟，年九十四。

王國維先生考證云：

《史記·周本紀》集解：『皇甫謐曰：武王定位元年，歲在乙酉。六年庚寅崩。』《逸周書·作雒解》：『武王克殷既歸，乃歲十二月崩鎬。』《御覽》八十四引《帝王世紀》：『十年冬，王崩於鎬，時年九十三歲。』《路史·發揮四》：『案《竹書紀年》武王年五十四。』

正如王先生疏引《路史·發揮四》,『年九十四』當爲『年五十四』之誤,天一閣本正作『年五十四』,不誤。此外,金履祥《通鑑前編》卷六引《竹書紀年》亦作『武王年五十四』,他如董豐垣《竹書紀年辨證》〔一〕、陳詩《竹書紀年集注》〔二〕、洪頤煊《校正竹書紀年》、陳逢衡《竹書紀年集證》、林春溥《竹書紀年補證》〔三〕等皆不誤,陳逢衡《竹書紀年集證》云:

案,諸本俱作『九十四』,大誤,且此四字當爲《竹書》注,不應列在正文,以《紀年》前後無此書例故也。〔四〕

案,誤作『年九十四』者,蓋本之《古今逸史》本〔五〕,他如孫之騄《考訂竹書》〔六〕、韓怡《竹書紀

〔一〕(清)董豐垣:《竹書紀年辨證》,清乾隆刻本。
〔二〕(清)陳詩:《竹書紀年集注》,清嘉慶六年(1801)刻本。
〔三〕(清)林春溥:《竹書紀年補證》,清道光十八年(1838)刻本。
〔四〕(清)陳逢衡:《竹書紀年集證》,清嘉慶裛露軒刻本。
〔五〕(明)吴琯輯:《古今逸史》,明萬曆刻本。
〔六〕(清)孫之騄:《考訂竹書》,《四庫全書存目叢書》影印清雍正刻本,齊魯書社,1997年。

年辨證》[二]、趙紹祖《竹書紀年校補》[三]、雷學淇《竹書紀年義證》[三]、張宗泰校補《竹書紀年》[四]、郝懿行《竹書紀年校正》[五]同誤。

此外，《疏證》還有一些小錯誤，大概也是王國維先生所據底本的錯誤造成的，如《疏證》周定王元年書干支紀年爲『己卯』，而依『今本《竹書紀年》』干支排序，此年應爲『乙卯』，天一閣本、《古今逸史》本、《廣漢魏叢書》本及《增訂漢魏叢書》本、《秘書廿一種》本、《文淵閣四庫全書》本、孫之騄《考定竹書》、韓怡《竹書紀年辨正》、陳逢衡《竹書紀年集證》、趙紹祖《竹書紀年校補》、張宗泰校補《竹書紀年》、郝懿行《竹書紀年校正》、林春溥《竹書紀年校正》等皆作『乙卯』。徐文靖《竹書紀年統箋》作『己卯』，但已指出『己當作乙』，大概徐氏所據之本原來也作『己卯』，估計王國維先生所據之本同徐本。

王國維先生對於『今本《竹書紀年》』的辨僞工作，還有一個重要的切入點，就是對所謂『今本

[一]（清）韓怡：《竹書紀年辨證》，清嘉慶十二年（1807）木存堂刻本。
[二]（清）趙紹祖：《竹書紀年校補》，清道光趙氏古墨齋刻本。
[三]（清）雷學淇：《竹書紀年義證》，清鈔本，民國陳漢章跋，國家圖書館藏。
[四]（清）張宗泰校補：《竹書紀年》，清道光二十五年（1835）揚州文杏館刻本。
[五]（清）郝懿行：《竹書紀年校正》，清光緒五年（1879）刻本。

《竹書紀年》』與『古本《竹書紀年》』關於夏、商、西周三代積年之異的研究，這不僅涉及到對於『今本《竹書紀年》』一書真僞的認識，也涉及到時下討論非常熱烈的夏商周斷代問題。此事涉及面較廣，筆者曾有專文討論，不贅。〔一〕

1924 年，梁啓超先生曾經大致總結了此前《竹書紀年》的研究歷史，說：

> 關於此書的著述，據我所知者有徐位山文靖之《竹書紀年統箋》、有孫晴川之騄之《考定竹書紀年》，有董豐垣之《竹書紀年辨證》，有雷瞻叔學淇之《考訂竹書紀年》《竹書紀年義證》，有洪筠軒之《校正竹書紀年》，有武授堂億之《竹書紀年補注》，有郝蘭皋之《竹書紀年校正》，有陳逢衡之《竹書紀年箋證（力案：應爲《集證》）》（凡例中稱張宗泰有《校補紀年》，陳詩有《紀年集注》，趙紹祖有《紀年校補》，韓怡有《紀年辨正》，鄭環有《竹書考證》，皆未見），有朱亮甫之《汲冢紀年存真》，有林鑑塘《竹書紀年補證》，有董覺軒沛之《竹書紀年拾遺》，有王靜安國維之《古本竹書紀年輯校》《今本竹書紀年疏證》。我所曾讀者，徐、洪、陳、林、王五家。徐氏《統箋》爲治斯學之嚆矢，然書成於康熙間，考證學未興，故所箋駁雜無義法，徒爲僞書助焰。洪氏《校正》，林氏《補證》，皆頗潔

〔一〕陳力：《今古本〈竹書紀年〉之三代積年及相關問題》，《四川大學學報》1997 年第 4 期。

浄，而識斷尚欠精擇。陳氏《集證》，積十年之功乃成，浩博詳贍。書凡五十卷，卷首《集説》一篇，叙原來歷及前人批評，搜羅至博，足爲治此學之最好資料，惟調停古今本，時復進退失據。王氏《輯校》《疏證》二書最晚出、最謹嚴，但未及疏注。學者據王著以求汲冢真面目，據陳著以解釋此書内容，則這書可以全部弄明白了。〔一〕

梁啓超先生對王國維先生《輯校》《疏證》的評價，可以説代表了二十世紀學術界的主流觀點。王國維先生之後，又有一些研究成果，其中最具代表性的有范祥雍先生的《古本竹書紀年輯校訂補》〔二〕和方詩銘、王修齡先生的《古本竹書紀年輯證》（附王國維《今本竹書紀年疏證》）〔三〕，尤其是方詩銘、王修齡先生的《古本竹書紀年輯證》，在朱右曾、王國維先生書的基礎上，補輯了不少唐宋以前古書所引《紀年》，也訂正了朱、王之書（包括《今本竹書紀年疏證》）的一些錯誤。另一方面，隨着學術研究的深入，現在人們對《竹書紀年》有了更進一步的認識，甚至也有學者對王國維

〔一〕梁啓超：《中國近三百年學術史》，《梁啓超全集》，北京出版社，1999 年，第 4549 頁。

〔二〕范祥雍：《古本竹書紀年輯校訂補》，上海人民出版社，1962 年。

〔三〕此外，徐宗元先生也對《竹書紀年》進行過一些輯校工作，著有《古今本竹書紀年合校》，未刊，稿本藏國家圖書館，孫俊先生有文介紹，詳『徐宗元未刊稿《古今本竹書紀年合校》述略』，《中國典籍與文化論叢》2015 年（年刊），第 206－215 頁。

先生的《今本竹書紀年疏證》的觀點和結論也提出了懷疑。〔二〕不管持什麽觀點，但有一點是十分肯定的，王國維先生《古本竹書紀年輯校》和《今本竹書紀年疏證》都可稱是中國文獻學史上兩部具有里程碑意義的著作。

陳　力

二〇二一年三月於四川大學歷史文化學院

〔二〕參見陳力：《今本竹書紀年研究》，《四川大學學報叢刊》第 28 輯《研究生論文選刊》，1986 年；（美）夏含夷：《也談武王的卒年——兼論〈今本竹書紀年〉的真僞》，《文史》第 29 輯，中華書局，1988 年。

目録

古本竹書紀年輯校一卷

晉

魏

今本竹書紀年疏證二卷

卷下

據首都圖書館藏民國十六年(1927)《王忠慤公遺書·内編》鉛印本影印原書版框高十四點二厘米寬十點三厘米

古本竹書紀年輯校
今本竹書紀年疏證

海甯王忠慤公遺書三集目錄

三集目錄

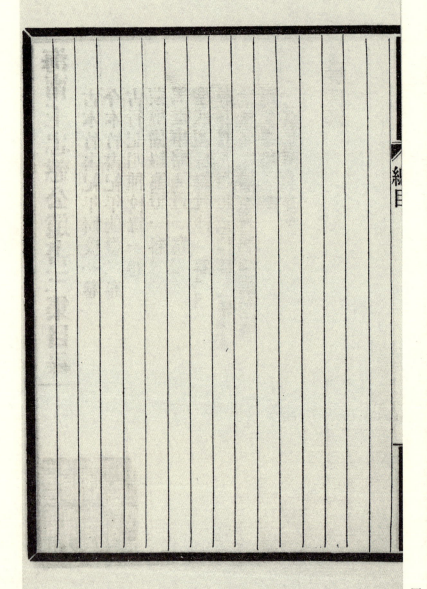

古本竹書紀年輯校

海甯王氏校印

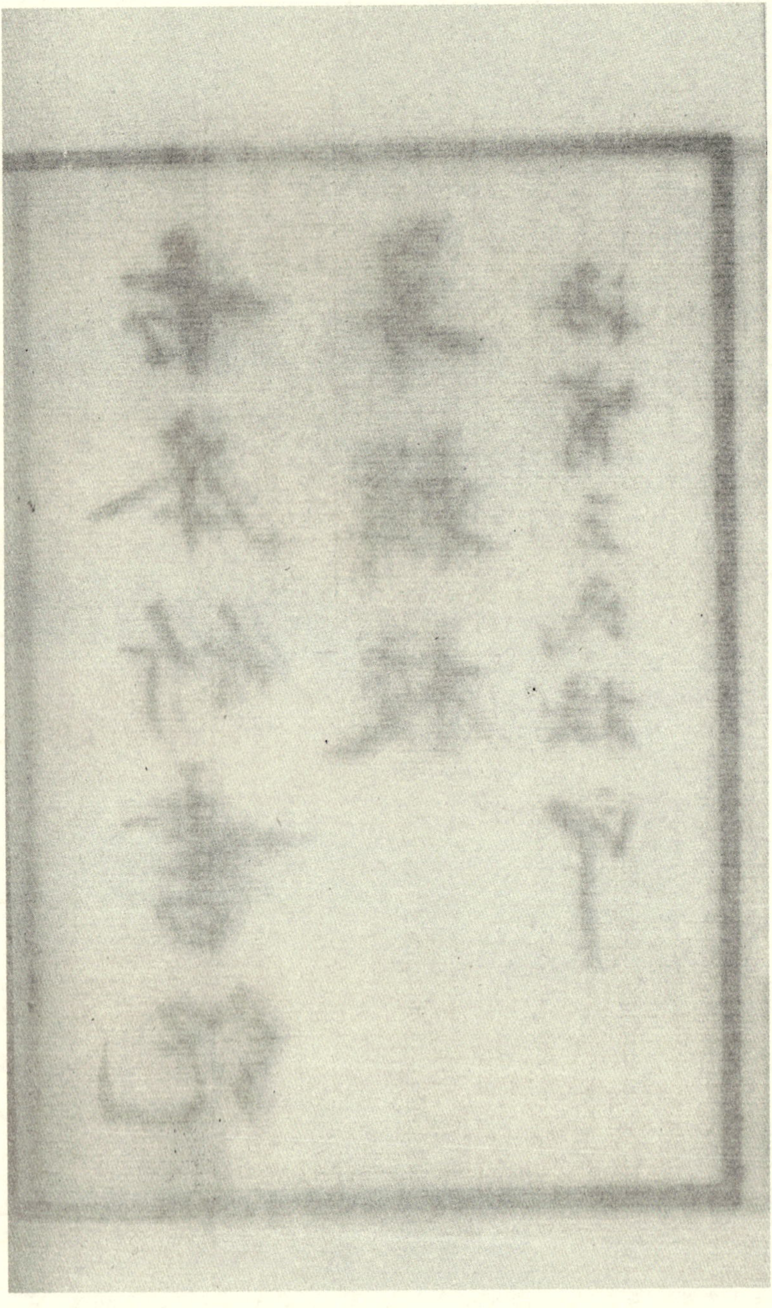

古本竹書紀年輯校

王忠愨公遺書內編

嘉定 朱右曾輯錄

海甯 王國維校補

五帝

昌意降居若水產帝乾荒山海經海內經注

帝王之崩曰陟韓昌黎集黃陵廟碑

國維案此昌黎隱括本書之語非原文如是

黃帝既仙去其臣有左徹者削木爲黃帝之像帥諸侯朝奉之太平御覽七十九引抱朴子曰汲郡中竹書云云今抱朴子無此文

黃帝死七年其臣左徹乃立顓頊路史後紀六

顓頊產伯鯀是維若陽居天穆之陽山海經大荒西經注

帝堯元年丙子隋書律曆志引丙作景避唐諱路史後紀十引無帝字

后稷放帝朱于丹水山海經海內南經注　史記高祖本紀正義引后稷放帝子丹朱于丹水五帝本紀正義引后稷放帝子丹朱

命咎陶作刑北堂書鈔十七

三苗將亡天雨血夏有冰地坼及泉青龍生于廟日夜出晝日

不出通鑑外紀一注引隨巢子汲冢紀年　路史後紀十二注云紀年墨子言龍生廣夏木雨血地坼及泉日夜出晝不見與外紀所引小異

夏后氏

禹

居陽城漢書地理志注續漢書郡國志注

黃帝至禹爲世三十路史發揮三

國維案此亦羅長源隱括本書之語非原文

禹立四十五年太平御覽八十二

啟

啟曰會路史後紀十三啓曰會注見紀年

益干啟位啟殺之晉書束皙傳　史通疑古篇雜說篇兩引益爲后啓所誅

九年舞九韶路史後紀十三注引啓登后九年舞九韶大荒西經注引夏后開儛九韶也

二十五年征西河北堂書鈔十三引啓征西河四字路史後紀十三云既征西河注紀年在二十五年

即位三十九年亡年七十八眞誥十五　路史後紀十三注引作二十九年年九十八

國維案太平御覽八十二引帝王世紀啟升后十年舞九韶三十五年征河西而通鑑外紀引皇甫謐曰啟在位十年則世紀不得有啟三十五年之文疑本紀年而誤題世紀也此

與眞誥所引啟三十九年亡符同路史注既引紀年啓在位二十九年故征西河亦云在二十五年矣未知孰是

大康

大康居斟鄩水經巨洋水注漢書地理志注史記夏本紀正義引傅瓚曰汲冢古文大康居斟鄩羿亦居之桀亦居之

乃失邦路史後紀十三注

（羿居斟鄩）水經巨洋水注漢書地理志注史記夏本紀正義

仲康

相

后相卽位居商邱太平御覽八十二

國維案通鑑外紀相失國居商邱蓋亦本紀年通鑑地理通釋四云商邱當作帝邱

元年征淮夷畎夷後漢書西羌傳引后相卽位元年乃征畎夷太平御覽八十二引元年征淮夷路史後紀十三征淮畎注淮夷畎夷紀年云元年

二年征風夷及黃夷太平御覽八十二路史後紀十三二年征風黃夷注並紀年後漢書東夷傳注及通鑑外紀二均引二年征黃夷

七年于夷來賓後漢書東夷傳注路史後紀十三注通鑑外紀二引于作干

相居斟灌水經巨洋水注漢書地理志注路史後紀十三引臣瓚所述汲冢古文

少康

少康卽位方夷來賓後漢書東夷傳注 路史後紀十三注引此下有獻其樂舞四字疑涉帝發時事而誤

杼

帝亡居原自原遷于老邱太平御覽八十二路史後紀十三注 御覽作自遷于老邱路史注亡作予邱作王

柏杼子征于東海及三壽得一狐九尾山海經海外東經注 太平御覽九百九引夏伯杼子東征獲狐九尾路史後紀十三帝杼五歲征東海伐三壽注本作王壽紀年云夏伯杼子之東征獲狐九尾又國名紀己云后杼征東海伐王壽

芬

后芬卽位三年九夷來御後漢書東夷傳注太平御覽七百八十通鑑外紀二路史後紀十三 御覽芬作方又此下有曰畎夷于夷方夷黃夷白夷赤夷玄夷風夷陽夷十九字郝蘭皋曰疑本注文誤入正文也

后芬立四十四年太平御覽八十二路史後紀十三注

荒

后荒卽位元年以玄珪賓于河命九東狩于海獲大鳥北堂書鈔八十九 初學記十三引珪作璧鳥作魚無命九東三字太平御覽八十二引荒作芒鳥作魚無命九二字國維案九字下或脫夷字疑謂后芬時來御之九夷

后芒陟位五十八年太平御覽八十二 路史後紀十三注引作后芒陟年五十八

泄

后泄二十一年命畎夷白夷赤夷玄夷風夷陽夷後漢書東夷傳注 通鑑外紀二引帝泄二十一年加畎夷等爵命路史後紀十三注引下有繇是服從四字

二十一年（陟）路史後紀十三注

不降

不降卽位六年伐九苑太平御覽八十二路史後紀十三注

六十九年其弟立是爲帝扃太平御覽八十二路史後紀十三注云紀年云六十九陟

扃

廑

帝廑一名胤甲太平御覽八十二

胤甲卽位居西河山海經海外東經注太平御覽八十二通鑑外紀二開元占經六引作胤甲居西河御覽四引作胤甲居于河西

天有妖孽十日並出其年胤甲陟山海經海外東經注開元占經六太平御覽四及八十二引上二句山海經注無天字占經無妖十二字通鑑外紀二引十日並出其年胤甲陟路史後紀十三胤甲在位四十歲後居西河天有妖孽十日並照于東陽其年胤甲陟注云以上紀年案路史此條或有增字又御覽四引十日並出下有又言本有十日迭次而運照無窮十三字則恐是注文也

孔甲

昊

后昊立三年太平御覽八十二

發

后發一名后敬或曰發太平御覽八十二路史後紀十三帝敬發一曰惠注曰見紀年

后發卽位元年諸夷賓于王門再保庸會于上池諸夷入舞北堂書鈔

八十二後漢書東夷傳注御覽七百八十引均無再保庸以下七字通鑑外紀二路史後紀十三引亦同外紀末句作獻其樂舞乃改本書句路史仍之

其子立爲桀太平御覽八十二

桀

（居斟鄩）水經巨洋水注漢書地理志注史記夏本紀正義

（畎夷入居豳岐之間）後漢書西羌傳　案西羌傳三代事多本汲冢紀年而語有增損

后桀伐岷山進女于桀二人曰琬曰琰桀受二女無子刻其名于苕華之玉苕是琬華是琰而弃其元妃于洛曰末喜氏末喜氏以與伊尹交遂以閒夏太平御覽一百三十五　藝文類聚八十三引無末四句御覽八十二引無末二句后桀伐岷山御覽八十二引作后桀命扁伐山民進女子桀二人類聚引作岷山莊王女于桀二人御覽八十二引作山民女于桀二人桀受二女御覽八十二作桀愛二人琰御覽引皆作玉刻其名類聚及御覽八十二引皆作斵其名北堂書鈔二十二亦引斵若華三字

桀傾宮飾瑤臺文選吳都賦注　文選東京賦注引作夏桀作瓊宮瑤臺殫百姓之財太平御覽八十二引桀傾宮飾瑤臺作瓊室立玉門

夏桀末年社坼裂其年爲湯所放太平御覽八百八十　路史後紀十三注引桀末年社震裂六字

湯遂滅夏桀逃南巢氏太平御覽八十二

自禹至桀十七世有王與無王用歲四百七十一年太平御覽八十二　文選六代論注引凡夏自禹至于桀十七王十字史記夏本紀集解引末二句通鑑外紀二引四百七十一年六字路史後紀十三注紀年并窮寒四百七十二年

商

湯

湯有七名而九征（太平御覽八十三）

外丙

外丙勝即位居亳（太平御覽八十三）

仲壬

仲壬即位居亳命卿士伊尹（春秋經傳集解後序引紀年太平御覽八十三引杜後序尚書咸有一德疏通鑑外紀三均作其卿士伊尹）

仲壬崩伊尹放大甲于桐乃自立（春秋經傳集解後序尚書咸有一德疏通鑑外紀三太平御覽八十三引汲冢瑣語同但無于桐二字又立下有四年二字）

大甲

伊尹即位放大甲七年大甲潛出自桐殺伊尹乃立其子伊陟伊奮命復其父之田宅而中分之（春秋經傳集解後序尚書咸有一德疏通鑑外紀三外紀放大甲作於大甲文選豪士賦序注引大甲潛出自桐殺伊尹九字）

（十二年陟）（史記魯世家索隱紀年大甲惟得十二年）

沃丁

沃丁絢即位居亳（太平御覽八十三）

小庚

小庚辨即位居亳（太平御覽八十三）

小甲

小甲高即位居亳 太平御覽八十三

雍己

雍己伷即位居亳 太平御覽八十三

大戊

仲丁

仲丁即位元年自亳遷于囂 太平御覽八十三

征于藍夷 後漢書東夷傳注太平御覽七百八十

外壬

外壬居囂 太平御覽八十三

河亶甲

河亶甲整即位自囂遷于相 太平御覽八十三

征藍夷再征班方 太平御覽八十三

祖乙

祖乙滕即位是爲中宗居庇 太平御覽八十三路史國紀名丁引滕作勝

祖辛

開甲

帝開甲踰即位居庇太平御覽八十三

祖丁

祖丁即位居庇太平御覽八十三

南庚

南庚更自庇遷于奄太平御覽八十三路史國名紀丁

陽甲

陽甲即位居奄太平御覽八十三

盤庚

盤庚旬自奄遷于北蒙曰殷太平御覽八十三　水經洹水注引無旬字史記項羽本記索隱殷本紀正義均引作盤庚自奄遷于北冢曰殷虛尙書盤庚疏引盤庚自奄遷于殷七字路史國名紀丁引旬下有即位二字

殷在鄴南三十里尙書盤庚疏　史記項羽本紀索隱引作南去鄴三十里殷本紀正義引作南去鄴四十里

國維案此七字乃注文

自盤庚徙殷至紂之滅七百七十三年更不徙都史記殷本紀正義　案七百朱輯本改作二百又下有紂時稍大其邑南距朝歌北據邯鄲及沙邱皆爲離宮別館二十三字蓋誤以張守節釋史記語爲紀年本文也

國維案此亦注文或張守節隱括本書之語

小辛

小辛頌即位居殷（太平御覽八十三）

小乙

小乙斂居殷（太平御覽八十三）

武丁

祖庚

祖庚曜居殷（太平御覽八十三）

祖甲

帝祖甲載居殷（太平御覽八十三）

和甲西征得一丹山（山海經大荒北經注）

國維案和祖二字形相近今本紀年繫之陽甲乃有陽甲名和之說矣

馮辛

馮辛先居殷（太平御覽八十三）

庚丁

庚丁居殷（太平御覽八十三）

武乙

武乙即位居殷（太平御覽八十三）

三十四年周王季歷來朝王賜地三十里玉十瑴馬八匹（太平御覽八十三）

三十五年周王季伐西落鬼戎俘二十翟王（後漢書西羌傳注　通鑑外紀二引武乙三十五年周俘狄王十二字）

大丁

大丁二年周人伐燕京之戎周師大敗（後漢書西羌傳注　通鑑外紀二周人作周公季）

三年洹水一日三絕（太平御覽八十三）

四年周人伐余無之戎克之周王季命爲殷牧師（後漢書西羌傳注　文選典引注引武乙即位周王季命爲牧師與此異）

七年周人伐始呼之戎克之（後漢書西羌傳注）

十一年周人伐翳徒之戎捷其三大夫（後漢書西羌傳注）

文丁殺季歷（晉書束晳傳史通疑古篇雜說篇　北堂書鈔四十一引紀年云文丁殺周王云云）

帝乙

帝乙居殷（太平御覽八十三）

二年周人伐商（太平御覽八十三）

帝辛

帝辛受居殷 太平御覽八十三

六年周文王初禴于畢 通鑑前編 唐書歷志紂六祀周文王初禴于畢 雖不著所出當本紀年

畢西于豐三十里 漢書劉向傳注

國維案此亦注文

殷紂作瓊室立玉門 文選東京賦注及吳都賦注

天大曀 開元占經一百一引帝辛受時天大曀

湯滅夏以至于受二十九王用歲四百九十六年 史記殷本紀集解 文選六代論注引殷自成湯滅夏以至于受二十九王十四字 通鑑外紀二引二十九王四百九十六年十字

周

武王

十一年庚寅周始伐商 唐書歷志

王率西夷諸侯伐殷敗之于坶野 水經清水注

王親禽帝受辛于南單之臺遂分天之明 水經淇水注 初學記二十四引周武王親禽受于南單之臺十一字

武王年五十四 路史發揮四

成王

康王

康王六年齊大公望卒（太公呂望墓表）

晉侯作宮而美康王使讓之（北堂書鈔十八）

成康之世天下安甯刑措四十年不用（文選賢良詔注　太平御覽八十四引十下有餘字）

昭王

昭王十六年伐楚荆涉漢遇大兕（初學記七）

十九年天大曀雉兔皆震喪六師于漢（初學記七　太平御覽九百七引無末句　開元占經一百一）

昭王末年夜清五色光貫紫微其年王南巡不反（太平御覽八百七十四　路史發揮三注引清作有）

穆王

穆王元年築祇宮于南鄭（穆天子傳注）

自周受命至穆王百年（晉書束皙傳）

穆王以下都于西鄭（漢書地理志注臣瓚曰云云不言出何書然其下所云鄭桓公滅鄶居鄭事皆出紀年則此亦宜然）

國維案上二條皆束皙臣瓚隱括本書之語據第二條則紀年穆王共王懿王元年均當書王卽位居西鄭矣

穆王所居鄭宮春宮（太平御覽一百七十三　初學記二十四引下四字）

北唐之君來見以一騧馬是生綠耳（穆天子傳注　史記秦本紀集解　騧馬集解引作驪馬）

穆王北征行流沙千里積羽千里（山海經大荒北經注　穆天子傳注引穆王北征行積羽千里九字）

（西征犬戎）取其五王以東（王遂遷戎于大原）穆天子傳注引取其五王以東六字後漢書西羌傳王乃西征犬戎獲其五王王遂遷戎于太原考西羌傳前後文皆用紀年此亦當隱括紀年語

十三年西征至于青鳥之所憩藝文類聚九十一　山海經西次三經注引穆王西征至于青鳥所解十字

十七年西征崑崙丘見西王母西王母止之曰有鳥𪈞人穆天子傳注　藝文類聚七引至西王母止之史記周本紀集解太平御覽三十八引至見西王母又二書西征下均有至字

西王母來見賓于昭宮山海經西次三經注穆天子傳注　山海經注引作穆王五十七年然穆傳注引其年來見其年即承上文十七年則山海經注所引衍一五字

三十七年伐越大起九師東至于九江叱黿鼉以爲梁文選恨賦注三十七年文選江賦注藝文類聚九初學記七太平御覽九百三十二通鑑外紀三引同御覽三百五路史國名紀己均引作四十七年廣韻二十二元引作十七年御覽七十三引作七年伐越北堂書鈔一百十四引作伐大越類聚九外紀三引作伐楚御覽三百五引作伐紂路史國名紀己作伐紂紂乃紂之譌叱類聚初學記均引作比書鈔引作駕御覽七十三及三百五均引作架文選江賦注引作叱與此同

穆王南征君子爲鶴小人爲飛鴞敦煌唐寫本修文殿御覽殘卷

穆王東征天下二億二千五百里西征億有九萬里南征億有七百三里北征二億七里開元占經四　穆天子傳注引穆王西征還里天下億有九萬里十三字

共王

懿王

懿王元年天再旦于鄭太平御覽二事類賦注一開元占經三引懿王元年天再啓

孝王

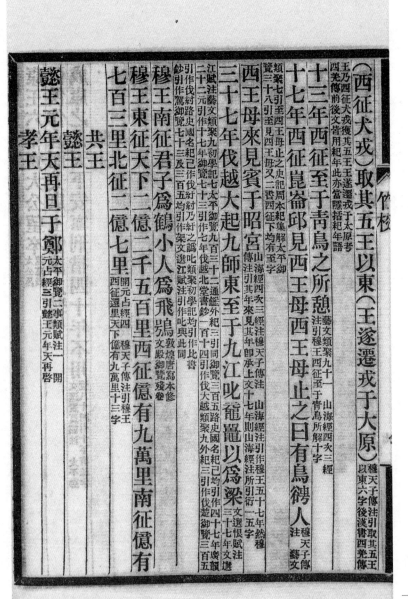

孝王七年冬大雨雹牛馬死江漢俱凍太平御覽八百七十八引史記案史記無此事殆紀年文也

夷王

夷王二年蜀人呂人來獻瓊玉賓于河用介珪北堂書鈔三十一太平御覽八十四

三年王致諸侯烹齊哀公于鼎太平御覽八十四　史記周本紀正義引作三年致諸侯翦齊哀公昴

獵于桂林得一犀牛太平御覽八百九十

命虢公率六師伐大原之戎至于俞泉獲馬千匹後漢書西羌傳注見紀年

七年冬雨雹大如礪初學記二太平御覽十四

厲王

淮夷入寇王命虢仲征之不克後漢書東夷傳案此條章懷太子注不云出紀年然范史四裔傳三代事皆用史記及紀年修之此條不見史記當出紀年也

共伯和干王位史記本紀索隱　莊子讓王篇釋文引作共伯和卽于王位

共和十四年大旱火焚其屋伯和篡位立秋又大旱其年周厲王死宣王立太平御覽八百七十九引史記然史記無此文當出紀年

宣王

四年使秦仲伐西戎爲戎所殺後漢書西羌傳

秦無歷數周世陪臣自秦仲之前初無年世之紀廣宏明集十一

國維案此亦注文

王召秦仲子襄公與兵七千人伐戎破之後漢書西羌傳

三十年有兎舞鎬太平御覽九百七有兎舞鎬通鑑外紀三作三十年有兎舞于鎬京初學記二十九引作宣王三年

（三十一年）王師伐大原之戎不克後漢書西羌傳

三十三年有馬化爲狐開元占經一百十九八百八十七廣韻四十禡𤆓引周宣王時馬化爲狐御覽九百九引宣王時烏化爲狐烏亦字誤占經作周靈王三十三年宣靈形相近字之誤也御覽

（三十六年）王伐條戎奔戎王師敗績後漢書西羌傳

（三十八年）晋人敗北戎于汾隰後漢書西羌傳

戎人滅姜侯之邑後漢書西羌傳

（三十九年）王征申戎破之後漢書西羌傳

晋

殤叔春秋經傳集解後序紀年無諸國別惟特記晉國起自殤叔次文侯昭侯以至曲沃莊伯莊伯之十一年十一月魯隱公之元年正月也皆用夏正建寅之月爲歲首編年相次晉國滅獨紀魏事案殤叔在位四年其元年爲周宣王四十四年其四年爲幽王元年然則竹書以晉紀年當自殤叔四年始

文侯

（元年周）幽王命伯士帥師代六濟之戎軍敗伯士死焉後漢書西羌傳

二年同惠王子多父伐鄶克之乃居鄭父之邱名之曰鄭是曰桓公水經洧水注案同惠疑周厲之譌又漢書地理志注引臣瓚曰鄭桓公寄奴與財于虢會之間幽王既敗二年而滅會四年而滅虢居于鄭父之邱是以爲鄭桓公傳瓚親校竹書其言又與洧水注所引紀年略同蓋亦本紀年然臣瓚

以伐鄫爲在幽王既敗二年水經注以爲晉文侯二年未知孰是

（七年）幽王立褒姒之子伯服以爲大子太平御覽八十四御覽一百四十七引幽王下有八年二字左傳昭二十六年疏引平王奔西申而立伯盤以爲太子服作盤

平王奔西申左傳昭二十六年疏

（九年）幽王十年九月桃杏實太平御覽九百六十八

（十年）伯盤與幽王俱死于戲先是申侯魯侯及許文公立平王于申幽王既死而虢公翰又立王子余臣于攜周二王並立左傳昭二十六年疏

自武王滅殷以至幽王凡二百五十七年史記本紀集解通鑑外紀三引汲冢紀年西周二百五十七年

二十一年攜王爲晉文公所殺左傳昭二十六年疏

昭侯

孝侯

典沃莊伯

晉莊伯元年不雨雪太平御覽八百七十九引史記案史記無此語又不以莊伯紀元當出紀年也

二年翟人俄伐翼至于晉郊太平御覽八百七十九引史記

八年無雲而雷十月莊伯以曲沃叛太平御覽八百七十六引史記

莊伯以曲沃叛伐翼公子萬救翼荀叔軫追之至于家谷水經澮水注水經注引此條不系年然首句與上條御覽所引史記同知在是年又足證御覽所引史記實紀年也

十二年翼侯焚曲沃之禾而還作爲文公水經澮水注

魯隱公及邾莊公盟于姑蔑春秋經傳集解後序據後序在莊伯十二年正月

武公

晉武公元年尚一軍芮伯乘京荀人董伯皆叛水經河水注

翼侯伐曲沃大捷武公請成于翼至桐庭乃返水經水注

七年芮伯萬之母芮姜逐萬萬出奔魏水經河水注路史國名紀戊

八年周師虢師圍魏取芮伯萬而東之水經河水注路史國名紀戊

九年戎人逆芮伯萬于郟水經河水注路史國名紀戊注引作九年戎人逆之郟

(十三年)楚及巴滅鄧路史國名紀戊引桓王十七年云云

(二十三年)齊襄公滅紀郱鄑郚史記秦始皇本紀正義

三十九年齊人殲于遂唐書劉晛傳

武公滅荀以賜大夫原氏黯是爲荀叔水經汾水注漢書地理志注文選北征賦注引荀作郇原氏黯作原點

獻公

公獻二年周惠王居于鄭鄭人入王府多取玉玉化爲蜮射人

開元占經一百二十太平御覽九百五十

（十七年）衛懿公及赤翟戰于澤洞春秋經傳集解後序後序云洞當爲洞

鄭弃其師唐書劉貺傳

十九年獻公會虞師伐虢滅下陽虢公醜奔衛公命瑕公呂甥邑于虢都水經河水注路史國名紀戊注　春秋後序引晉獻公會虞師伐虢滅下陽十一字下陽路史注作夏陽

（二十一年）重耳出奔史通疑古篇

二十五年正月狄人伐晉周陽有白兎舞于市水經涑水注

惠公

晉惠公二年雨金太平御覽八百七十七引史記

秦穆公十二年取靈邱古文苑注一引王順伯詛楚文跋

六年秦穆公涉河伐晉太平御覽八百七十七引史記

惠公見獲史通疑古篇

（十一月）隕石于宋五史通惑經篇

十五年秦穆公帥師送公子重耳涉自河曲水經河水注　圍令狐桑泉臼衰皆降于秦師狐毛與先軫禦秦至于廬柳乃謂秦穆公使公子縶來與師言退舍次于郇盟于軍水經涑水注

文公

（五年）周襄王會諸侯于河陽春秋經傳集解後序

文公城荀漢書地理志注文選北征賦注引作郇

襄公

晉襄公六年河絕于洵水經洛水注

靈公

成公

景公

（十一年）齊國佐來獻玉磬紀公之獻春秋經傳集解後序

厲公

悼公

平公

昭公

晉昭公元年河水赤于龍門三里水經河水注

六年十二月桃杏華太平御覽九百六十八

頃公

定公

晉定公六年漢不見于天太平御覽八百七十五

十八年青虹見太平御覽十四

淇絕于舊衛水經淇水注

（燕簡公卒次孝公立）史記燕世家索隱王劭案紀年簡公卒次孝公無獻公據史記十二諸侯年表簡公卒在是年

二十年洛絕于周水經洛水注

二十五年西山女子化爲丈夫與之妻能生子其年鄭一女而生四十人開元占經一百十三

三十一年城頓丘水經淇水注

（三十五年）宋殺其大夫皇瑗于丹水之上水經獲水注

出公

晉出公五年澮絕于梁水經澮水注

丹水絕三日不流水經沁水注

六年齊鄭伐衛水經濟水注

荀瑶城宅陽水經濟水注

宅陽一名北宅史記穰侯列傳正義

國維案此亦注文

十年十一月於粵子句踐卒是爲菼執子鹿郢立史記越世家索隱

衞悼公卒于越史記衞康叔世家悼公五年卒索隱引紀年云四年卒于越據左氏哀二十六年傳悼公四年當晉出公十年

十二年河絕于扈水經河水注

十三年智伯瑤城高梁水經汾水注

（十六年於粵子鹿郢卒子不壽立）史記越世家索隱引紀年鹿郢立六年卒

荀瑤伐中山取窮魚之邱水經巨馬水注初學記八太平御覽六十四

十九年韓龐取盧氏城水經洛水注

（燕孝公卒次成侯載立）史記燕世家孝公十二年韓趙魏滅智伯十五年孝公卒索隱曰紀年智伯滅在成公三年又曰案紀年成侯名載今據此補

（二十二年趙襄子韓康子魏桓子共殺智伯盡并其地）史記晉世家哀公四年趙襄子魏康子魏桓子共殺智伯盡并其地索隱如紀年之說乃出公二十二年事今據補

二十三年出公奔楚乃立昭公之孫是爲敬公史記晉世家索隱

敬公

（三年）於粵子不壽立十年見殺是謂盲姑次朱句立史記越世家索隱

六年魏文侯初立史記晉世家索隱引敬公十八年魏文侯初立案魏世家索隱引紀年文侯五十年卒武侯二十六年卒由武侯卒年上推之則文侯初立當在敬公六年索隱作十八年十八二字乃六字譌離爲二也

(十一年)田莊子卒史記田敬仲世家索隱引紀年齊宣公十二年田莊子卒案宣公十二年當晉敬十一年

(十二年)田悼子立史記田敬仲世家索隱

燕成公十六年卒燕文公立史記晉世家索隱

幽公

幽公三年魯季孫會晉幽公于楚邱取葭密遂城之水經濟水注　太平寰宇記曹州乘氏縣下引作幽公十三年

七年大旱地長生鹽北堂書鈔一百四十六

九年丹水出相反擊水經沁水注

十年九月桃杏實太平御覽九百六十八

十二年無雲而雷太平御覽八百七十六引史記

(十四年)於粵子朱句三十四年滅滕史記越世家索隱

燕文公二十四年卒簡公立史記燕世家索隱

(十五年)於粵子朱句三十五年滅郯史記越世家索隱以郯子鴣歸水經沂水注　水經注引作晉烈公四年於越子朱句伐郯以郯子鴣歸系年與索隱不合

(秦靈公卒)史記秦始皇本紀肅靈公索隱曰紀年及系本無肅字立十年

(十七年)於粵子朱句三十七年卒史記越世家索隱

十二

十八年晉夫人秦嬴賊公子高寢之上（史記晉世家索隱）

烈公

晉烈公元年趙簡子城泫氏（水經沁水注）

韓武子都平陽（水經汾水注）

三年楚人伐我南鄙至于上洛（水經丹水注路史國名紀己）

五年田公子居思伐邯鄲圍平邑（水經河水注）

國維案田居思卽戰國策之田期思史記田敬仲世家之田臣思（巨思之譌）水經濟水注引紀年作田期史記田敬仲世家引紀年謂之徐州子期而據濟水注齊田期伐我東鄙在惠成王十七年距此凡五十三年且此時三家尚未分晉趙不得有邯鄲之稱疑河水注所引晉烈公五年或有誤字也

（六年）秦簡公九年卒次敬公立（史記秦本紀索隱）

（九年）三晉命邑爲諸侯（史記燕世家索隱）

十一年田悼子卒（次田和立）田布殺其大夫公孫孫公孫會以廩邱叛于趙田布圍廩邱翟角趙孔屑韓師救廩邱及田布戰于龍澤田布敗逋（水經瓠子水注　史記田敬仲世家索隱引齊宣公五十一年公孫會以廩邱叛于趙十五字次田和立四字亦據索隱補）

十二月齊宣公薨（史記田敬仲世家索隱）

十二年王命韓景子趙烈子翟員伐齊入長城（水經汶水注）

景子名虔（史記韓世家索隱）

國維案此司馬貞據紀年爲說非原文

（十五年）魏文侯（五十年）卒（史記魏世家索隱）

（十六年）（齊康公五年）田侯午生（史記田敬仲世家索隱）

（十八年）秦敬公（十二年）卒乃立惠公（史記秦本紀索隱）

二十二年國大風晝昏自旦至中明年大子喜出奔（太平御覽八百七十九引史記今史記無此文當出紀年）

國維案史記晉世家索隱引紀年魏武侯以晉桓公十九年卒以武侯卒年推之則烈公當卒于是年烈公既卒明年大子喜出奔立桓公後二十年爲三家所遷是當時以桓公爲未成君故紀年用晉紀元蓋訖烈公明年桓公元年即魏武侯之八年則以魏紀元矣御覽引晉烈公二十二年知紀年用晉紀元訖於烈公之卒史記索隱引魏武侯十一年二十二年二十三年二十六年而無七年以前年數知紀年以魏

紀元自武侯八年後始矣至魏世家索隱引武侯元年封公子緩則惠成王元年之誤也說見後

魏

武侯

武侯十一年城洛陽及安邑王垣史記魏世家索隱

宋悼公十八年卒史記宋世家索隱

（十七年）於粵子翳三十三年遷于吳史記越世家索隱

（十八年）齊康公二十二年田侯剡立史記田敬仲世家索隱

（二十年）於粵子翳三十六年七月於粵大子諸咎弑其君翳十月粵殺諸咎粵滑吳人立孚錯枝為君史記越世家索隱

（二十一年）於粵大夫寺區定粵亂立無余之史記越世家索隱

齊田午弑其君及孺子喜而為公史記田敬仲世家索隱

國維案史記田敬仲世家索隱紀年齊康公五年田侯午生二十二年田侯剡立後十年齊田午弑其君及孺子喜而為公又據索隱引紀年齊宣公薨與公孫會之叛同年而據水經瓠子水注引則公孫會之叛在晉烈公十一年宣公於是

年卒則康公元年當爲晉烈公十二年二十二年當爲魏武侯十八年此事又後十年當爲梁惠成王二年然索隱又引梁惠王十三年當齊桓公十八年後威王始見又案魏世家索隱引齊幽公之十八年而威王立幽公或桓公之謚則桓公卽田午十八年當惠成王十三年其自立當在是年矣年代參錯未知孰是

韓滅鄭哀侯入于鄭史記魏世家索隱

二十二年晉桓公邑哀侯于鄭韓山堅賊其君哀侯而韓若山立史記魏世家索隱晉世家索隱引晉桓公十五年韓哀侯卒

趙敬侯卒史記晉世家索隱引晉桓公十五年趙敬侯卒

二十六年武侯卒史記魏世家索隱

燕簡公四十五年卒史記燕世家索隱

梁惠成王

元年韓共侯趙成侯遷晉桓公于屯留水經濁漳水注史記晉世家索隱

晝晦開元占經一百一

封公子緩趙侯種韓懿侯伐我取蔡而惠成王伐趙圍濁陽史記魏世家初武侯卒也子罃與公中緩爭爲太子索隱引紀年曰武侯元年封公子緩趙侯種韓懿侯伐我取蔡而惠成王伐趙圍濁陽七年公子緩如邯鄲以作難云云案武侯元年當作惠成王元年據本文自明水經沁水注引梁惠成王元年趙成侯偃韓

鄶侯若伐我葵路史國名紀已引同惟葵作鄭索隱引作蔡乃字之誤

鄭師敗邯鄲之師于平陽水經濁漳水注

二年齊田壽帥師伐我圍觀觀降水經河水注

魏大夫王錯出奔韓史記魏世家集解

三年鄭城邢邱水經河水注

秦子向命爲藍君水經渭水注　太平寰宇記雍州藍田縣引惠王命秦子向爲藍田君長安志引作梁惠成王命太子向爲藍田君

四年河水赤于龍門三日水經河水注

五年公子景賈帥師伐鄭韓明戰于陽我師敗逋水經濟水注

六年四月甲寅徙都于大梁水經渠水注　漢書高帝紀注臣瓚曰汲冢古文惠王之六年自安邑遷于大梁史記魏世家集解孟子正義皆引梁惠成王九年四月甲寅徙都大梁

於粵寺區弟思殺其君莽安次無顓立史記越世家索隱

七年公子緩如邯鄲以作難史記魏世家索隱

雨碧于郢太平御覽八百九廣韻二十二昔路史發揮一注

地忽長十丈有餘高尺半太平御覽八百八十

八年惠成王伐邯鄲取列人伐邯鄲取肥水經濁漳水注

雨黍于齊太平御覽八百四十二引惠成王八年雨黍七字又八百七十七引全文作史記

雨骨于赤髀路史發揮一注

齊桓公十二年弑其君母史記田敬仲世家索隱

九年與邯鄲榆次陽邑水經洞渦水注

晉取泫氏太平御覽一百六十三太平寰宇記澤州高平縣條路史國名紀己注

王會鄭釐侯于巫沙水經濟水注

十年入河水于甫田又爲大溝而引甫水水經渠水注

瑕陽人自秦道岷山青衣水來歸水經青衣水注

十一年鄭釐侯使許息來致地平邱戶牖首垣諸邑及鄭馳道

我取軹道與鄭鹿水經河水注

東周惠公傑薨史記六國表集解

十二年龍賈帥師築長城于西邊水經濟水注

楚師出河水以水長垣之外水經河水注

鄭取屯留尚子涅水經濁漳水注　太平寰宇記潞州長子縣下引鄭取屯留長子六字

十三年王及鄭釐侯盟于巫沙以釋宅陽之圍歸釐于鄭水經濟水注

齊威王立史記魏世家索隱引齊幽公之十八年而威王立又田敬仲世家引梁惠王十三年當齊桓公十八年後威王始見今據補

十四年魯共侯宋桓侯衛成侯鄭釐侯來朝史記魏世家索隱

於粵子無顓（八年）薨是爲菼蠋卯（史記越世家索隱）

十五年魯共侯來朝（史記六國表集解）

邯鄲成侯會燕成侯于安邑（史記六國表集解）

遣將龍賈築陽池以備秦（太平寰宇記鄭州原武縣下）

鄭築長城自亥谷以南（水經濟水注自亥谷以南鄭所城矣竹書曰梁惠成王十五年築也）

十六年秦公子壯師師伐鄭圍焦城不克（水經渠水注）

秦公孫壯帥師城上枳安陵山氏（水經渠水注）

邯鄲代衛取漆富邱城之（水經濟水注）

齊師及燕師戰于泃水齊師遁（水經鮑邱水注）

邯鄲四噎室壞多死（開元占經一百一引作周顯王四年）

十七年宋景敾衛公孫倉會齊師圍我襄陵（水經淮水注）

齊田期伐我東鄙戰于桂陽我師敗逋（水經濟水注　史記孫子吳起列傳索隱王劭案紀年梁惠王十七年齊田忌敗我桂陵與此文異又田敬仲世家田臣思索隱戰國策作田期思紀年謂之徐州子期）

東周與鄭高都利（水經伊水注）

鄭釐侯來朝中陽（水經渠水注）

有一鶴三翔于郢市（敦煌唐寫本修文殿御覽殘卷）

十八年王以韓師敗諸侯師于襄陵水經淮水注

齊侯使楚景舍來求成水經淮水注

王會齊宋之圍水經淮水注

趙敗魏桂陵史記魏世家索隱

十九年晉取玄武濩澤水經沁水注

二十年齊築防以爲長城水經汶水注　史記蘇秦傳正義引齊下有湣王二字

（二十四年）楚伐徐州史記越世家索隱

二十五年絳中地坼西絕于汾水經汾水注

二十六年敗韓馬陵史記魏世家索隱

二十七年十二月齊田肦敗梁馬陵史記孫子吳起列傳索隱　案魏世家索隱引二十八年與齊田肦戰于馬陵二十七年十二月在周正爲二十八年二月是魏世家索隱已改算爲周正也田敬仲世家索隱引齊威王十四年田肦伐梁戰馬陵考紀年齊威王以梁惠王十三年立至此正得四十年

二十八年穰苴帥師及鄭孔夜戰于梁赫鄭師敗逋水經渠水注

二十九年五月齊田肦及宋人伐我東鄙圍平陽水經泗水注　史記魏世家索隱引作二十九年五月齊田肦伐我東鄙

九月秦衛鞅伐我西鄙史記魏世家索隱　商君列傳索隱引無月

十月邯鄲伐我北鄙史記魏世家索隱

王攻衛鞅我師敗績史記魏世家索隱

（秦孝公會諸侯于）逢澤史記六國表惠王二十九年秦孝公二十年會諸侯于澤徐廣曰紀年作逢澤水經渠水注引徐說略同

三十年城濟陽水經濟水注

秦封衛鞅于鄔改名曰商水經濁漳水注路史國名紀己後漢書光武帝紀注引作衛鞅封于鄔

三十一年三月爲大溝于北郛以行圃田之水水經渠水注

邳遷于薛改名徐州水經泗水注　史記魯世家索隱引梁惠王三十一年下邳遷于薛孟嘗君列傳正義引梁惠王三十年下邳遷于薛改名徐州三十下奪一字

（三十二年）與秦戰岸門史記秦本紀索隱　此年據史記六國表補

三十六年春秋經傳集解後序惠王三十六年改元從一年始至十六年而稱惠成王卒

一年春秋經傳集解後序

（二年）鄭昭侯武薨次威侯立史記韓世家索隱

（九年鄭）威侯七年與邯鄲圍襄陵五月梁惠王會威侯于巫沙

十月鄭宣王朝梁史記韓世家索隱

（十年）齊田盼及邯鄲韓舉戰于平邑邯鄲之師敗逋獲韓舉

取平邑新城水經河水注

朱氏右曾曰此事水經注引作晉烈公十年索隱云紀年敗

韓舉當韓威王八年計相距七十八歲不應有兩田盼兩韓

舉考趙世家云肅侯二十三年韓舉與齊魏戰死于桑邱肅侯元年當梁惠王二十二年下逮後元十年爲肅侯之二十五年蓋趙世家誤五爲三水經注誤惠成後元十年爲晉烈公十年也至韓世家以韓舉爲韓將則更舛矣

十一年（會韓威侯齊威王于）平阿 〔史記孟嘗君列傳田嬰與韓昭侯魏惠王會齊宣王東阿南盟而去索隱曰紀年當惠王之後元十一年作平阿但齊之威宣二王文舛互不同也案韓昭侯紀年亦當作韓威侯〕

十三年會齊威王于甄 〔史記孟嘗君列傳索隱〕

四月齊威王封田嬰于薛十月齊城薛 〔史記孟嘗君列傳索隱〕

嬰初封彭城 〔史記孟嘗君列傳索隱〕

國維案此司馬貞據紀年爲說非本文

十四年薛子嬰來朝 〔史記孟嘗君列傳索隱〕

十五年齊威王薨 〔史記孟嘗君列傳索隱〕

十六年惠成王卒 〔春秋經傳集解後序〕

今王

（四年）鄭侯使韓辰歸晉陽及向二月城陽向更名陽爲河雝向爲高平 〔水經濟水注引無年史記趙世家集解徐廣曰紀年云魏襄王四年改河陽曰河雍向曰高平據此補又秦本紀集解徐廣曰汲冢紀年云魏哀王二十四年改宜陽曰河雍向曰高平案紀年終于今王二十年〕

不得有二十四年二十字衍

碧陽君之諸御產二龍開元占經一百十三

（五年）燕子之殺公子平史記燕世家索隱

齊人禽子之而醢其身史記燕世家索隱

趙立燕公子職史記六國表集解　趙世家趙召燕公子職于韓立以爲燕王使樂池送之集解徐廣曰紀年亦云爾

六年秦取我焦路史國名紀己

齊地暴長長丈餘高一尺太平御覽八百八十引作周隱王二年

七年韓明師師伐襄邱水經濟水注

秦王來見于蒲坂關水經河水注

四月越王使公孫隅來獻乘舟始罔及舟三百箭五百萬犀角

象齒水經河水注

齊宣王八年殺其王后史記田敬仲世家索隱

楚景翠圍雍氏史記韓世家集解

秦助韓共敗楚屈匄史記韓世家集解

韓宣王卒史記韓世家集解

齊宋圍煮棗史記韓世家集解

八年翟章伐衛史記魏世家索隱

秦樗里疾圍蒲不克而秦惠王薨史記樗里子列傳索隱本不系年以秦惠王薨年考之列此

九年洛入成周山水大出水經洛水注

五月張儀卒史記韓世家及張儀傳索隱

楚庶章帥師來會我次于襄邱水經濟水注

十年十月大霖雨疾風河水溢酸棗郛水經河水注

十二年秦公孫爰帥師伐我圍皮氏翟章帥師救皮氏圍疾西風水經汾水注

十三年城皮氏水經汾水注

（十四年）秦內亂殺其太后及公子雍公子壯史記穰侯傳索隱

（十六年秦拔我蒲坂）晉陽封谷史記魏世家哀王十六年秦拔我蒲坂晉陽封陵索隱曰紀年作晉陽封谷

十七年邯鄲命吏大夫奴遷于九原又命將軍大夫適子戍吏皆貉服水經河水注

十九年薛侯來會王于釜邱水經濟水注

楚入雍氏楚人敗史記韓世家集解

二十年春秋經傳集解後序今王終二十年

附無年世可繫者

洛伯用與河伯馮夷鬭水經洛水注

殷王子亥賓于有易而淫焉有易之君緜臣殺而放之故殷主甲微假師于河伯以伐有易滅之遂殺其君緜臣山海經大荒東經注

河伯僕牛山海經大荒東經注河伯僕牛皆人姓名見紀年

不窋之晜孫爾雅釋親注

𪊑水經淄水注漢書地理志注引臣瓚曰汲冢古文殷時已有𪊑國

留昆穆天子傳注留昆國見紀年

盟于大室北堂書鈔二十二

執我行人史通惑經篇

楚共王會宋平公于湖陽水經沘水注

宋大水丹水壅不流水經獲水注

子南彌牟史記周本紀集解水經汝水注漢書武帝紀注皆引臣瓚曰汲冢古文謂衞將軍文子爲子南彌牟

子南勁朝于衞後惠成王如衞命子南爲侯史記周本紀集解水經汝水注漢書武帝紀注

梁惠王廢逢忌之藪以賜民左傳哀十一年疏漢書地理志注引廢作發

齊師逐鄭太子齒奔張城南鄭水經洧水注

秦師伐鄭次于懷城殷水經沁水注路史國名紀丁　太平寰宇記懷州下引秦師伐鄭至于懷殷

宋桓公辟兵史記宋世家辟公辟兵索隱曰紀年作桓公辟兵

宋剔成肝廢其君璧而自立史記宋世家索隱

紡子太平寰宇記趙州高邑縣下史記云趙敬肅侯救燕燕與中山公戰于房子惠文王四年城之是也竹書紀年作紡子

衛孝襄侯史記衛康叔世家索隱樂資據紀年以嗣君卽孝襄侯

魏殷臣趙公孫裒伐燕還取夏屋城曲逆水經滱水注

燕人伐趙圍濁鹿趙武靈王及代人救濁鹿敗燕師于勺梁水經滱水注

壬寅孫何侵楚入三戶郛水經丹水注

孫何取濦陽水經潁水注

楚吾得帥師及秦伐鄭取綸氏水經潁水注後漢書黃瓊傳注路史後紀十三

秦蘇胡帥師伐鄭韓襄敗秦蘇胡于酸水水經濟水注

翟章救鄭次于南屈水經河水注漢書地理志注

魏章帥師及鄭師伐楚取上蔡水經汝水注

齊師伐趙東鄙圍中牟水經渠水注左傳定九年疏

救山塞集胥口史記蘇秦傳集解

竹校

後學上虞羅繼祖校

今本竹書紀年疏證

海甯王氏校印

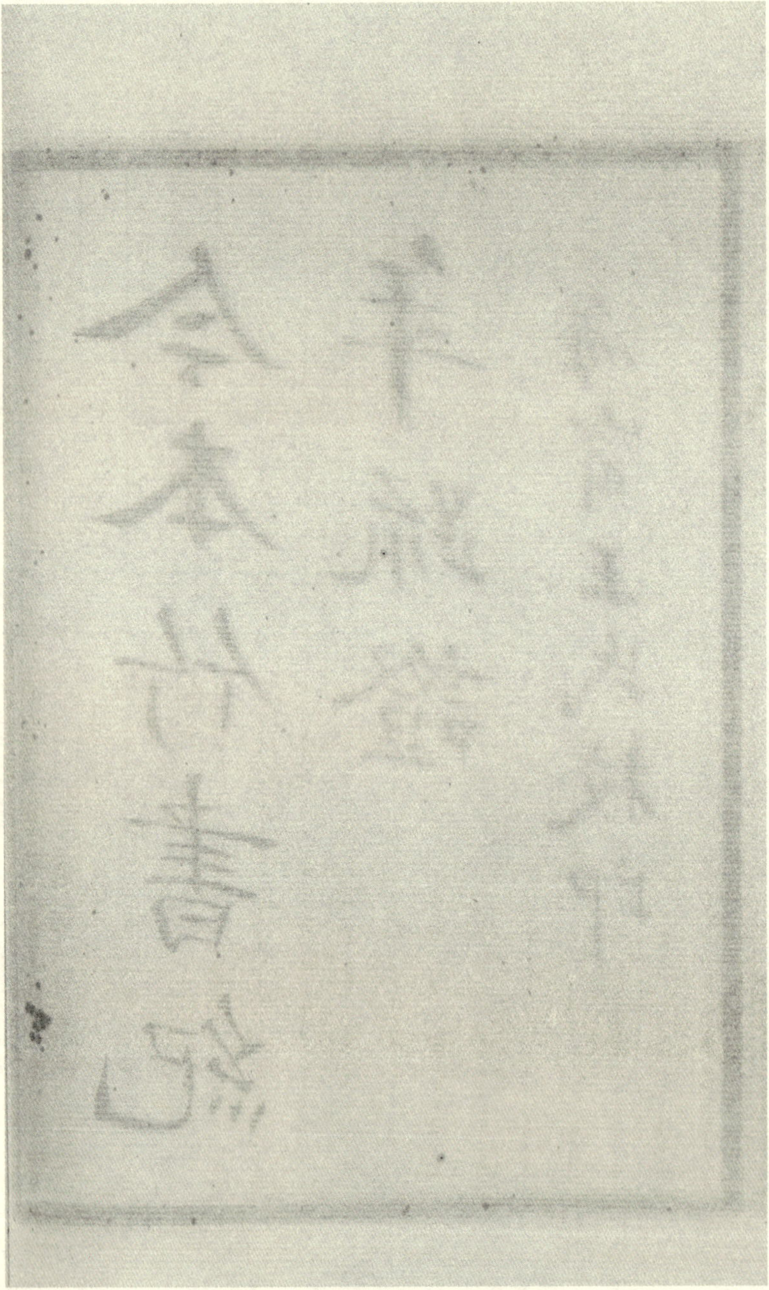

昔元和惠定宇徵君作古文尚書考始取僞古文尚書之事實文句一一疏其所出而梅書之僞益明仁和孫頤谷侍御復用其法作家語疏證吾鄉陳仲魚孝廉敍之曰是猶捕盜者之獲得眞贜誠哉是言也余治竹書紀年既成古本輯校一卷復怪今本紀年爲後人蒐輯其跡甚箸乃近三百年學者疑之者固多信之者亦且過半乃復用惠孫二家法一一求其所出始知今本所載殆無一不襲他書其不見他書者不過百分之一又率空洞無事實所增加者年月而已且其所出本非一源古今雜陳矛盾斯起既有違異乃生調停紛糾之因皆可剖析夫事實既具他書則此書爲無用年月又多杜撰則其說爲無徵無用無徵則廢此書可又此疏證亦不作可也然余懼後世復有陳逢衡輩爲是紛紛也故寫而刊之俾與古本輯校並行焉丁

巳孟夏海甯王國維

今本竹書紀年疏證卷上

海甯 王國維

黃帝軒轅氏杜預春秋經傳集解後序云紀年篇起自夏殷周晉書束晳傳云紀年十三篇記夏以來惟史記魏世家集解引和嶠云紀年起自黃帝

母曰附寶見大電繞北斗樞星光照郊野感而孕二十五月而生帝於壽邱弱而能言龍顏有聖德劾百神朝而使之應龍攻蚩尤戰虎豹熊羆四獸之力以女魃止淫雨天下既定聖德光被羣瑞畢臻有屈軼之草生於庭佞人入朝則草指之是以佞人不敢進以上出宋書符瑞志　案宋志此節雜采大戴五帝德春秋元命苞山海經史記五帝本紀帝王世紀諸書爲之但僞爲附注者實襲宋志故但引宋志證之不復旁及他書以下放此

元年帝即位居有熊白虎通爵篇黃帝有天下號爲有熊史記五帝本紀集解譙周曰黃帝有熊國君少典之子也

初制冕服易繫辭傳黃帝堯舜垂衣裳而天下治士冠禮疏引世本黃帝作冕旒

二十年景雲見藝文類聚一太平御覽七十一引春秋演孔圖黃帝將與黃雲升於堂上左傳昭十七年疏引服虔曰黃帝將與有景雲之瑞

以雲紀官左氏昭十七年傳昔者黃帝氏以雲紀故爲雲師而雲名

有景雲之瑞赤方氣與青方氣相連赤方中有兩星青方中有一星凡三星皆黃色以天清明時見於攝提名曰景星帝

黃服齋於宮中坐於元扈洛水之上有鳳皇集不食生蟲不履生草或止帝之東園或巢於阿閣或鳴於庭其雄自歌其雌自舞神鳥來儀有大螻如羊大螾如虹帝以土氣勝遂以土德王（宋書符瑞志）

五十年秋七月庚申鳳鳥至帝祭於洛水（宋書符瑞志五十年秋七月庚申天霧三日三夜云云均見附注此條卽隱括爲之）

庚申天霧三日三夜晝昏帝問天老力牧容成曰於公何如天老曰臣聞之國安其主好文則鳳皇居之國亂其主好武則鳳皇去之今鳳皇翔於東郊而樂之其鳴音中夷則與天相副以是觀之天有嚴敎以賜帝帝勿犯也召史卜之龜焦史曰臣不能占也其問之聖人帝曰已問天老力牧容成矣史北面再拜曰龜不違聖智故焦霧既降游於洛水之上見大魚殺五牲以醮之天乃甚雨七日七夜魚流於海得圖書焉龍圖出河龜書出洛赤文篆字以授軒轅接萬神於明庭今塞門谷口是也（宋書符瑞志）

五十九年貫胸氏來賓　長股氏來賓（山海經海南外經注引尸子曰四夷之民有貫胸者有深目者有長肱者黃帝之德常致之路史後紀五注引長肱作長股乃此條所本）

七十七年昌意降若居水産帝乾荒海内經注引古本紀年無年數

一百年地裂開元占經四引尚書說黄帝將亡則地裂

帝陟戴記五帝德黄帝生而人得其利百年史記五帝本紀集解類聚十一御覽七十九引帝王世紀黄帝在位百年而崩

帝王之崩皆曰陟韓昌黎集黄陵廟碑引紀年帝王之崩曰陟不云出注中書稱新陟王謂新崩也帝以土德王應地裂而陟葬羣臣有左徹者感思帝德取衣冠几杖而廟饗之諸侯大夫歲時朝焉御覽七十九引抱朴子汲郡冢中竹書言黄帝既仙去其臣有左徹者削木爲黄帝之象帥諸侯朝奉之故司空張茂先撰博物志亦云黄帝仙去其臣思戀罔極或刻木立像而朝之或取其衣冠而葬之或立廟而四時祀之上注卽本此

帝摯少昊氏

約案帝摯少昊氏左氏昭十七年傳我高祖少皞摯之立也母曰女節見星如虹下流華渚既而夢接意感生少昊登帝位有鳳皇之瑞出宋書符瑞志或曰少昊名清不居帝位帥鳥師居西方以鳥紀官逸周書嘗麥解黄帝乃命少皞清司馬鳥師以正五帝之官故名曰質漢晉律歷志引帝考德曰少昊曰清

帝顓頊高陽氏

母曰女樞見瑤光之星貫月如虹感己於幽房之宮生顓頊於若水首戴干戈有聖德生十年而佐少昊氏二十而登帝位宋書符瑞志

元年帝即位居濮左昭十七年傳衞顓頊之虛也故曰帝丘注衞今濮陽縣史記五帝本紀集解引皇甫謐曰顓頊都帝丘今東郡濮陽是也

十三年初作曆象漢書藝文志顓頊曆二十一卷

二十一年作承雲之樂呂氏春秋古樂篇顓頊乃命飛龍作效八風之音命之曰承雲

三十年帝產伯鯀居天穆之陽大荒西經注引竹書曰顓頊產伯鯀是維若陽居天穆之陽無年

七十八年帝陟史記五帝本紀集解類聚九御覽七十九引帝王世紀顓頊在位七十八年

術器作亂辛侯滅之海內經共工生術器術器首方顚是復土壤以處江水周語注賈侍中云共工諸侯炎帝之後姜姓也顓頊氏衰共工氏侵陵諸侯與高辛氏爭而王也或云共工堯時諸侯爲高辛所滅昭謂言爲高辛所滅安得爲堯諸侯又堯時共工與此異也維案此條實據海內經與周語注爲之

帝嚳高辛氏

生而騈齒有聖德初封辛侯代高陽氏王天下使鼓人拊鞞鼓擊鐘磬鳳皇鼓翼而舞出宋書符瑞志惟志無初封辛侯四字

元年帝即位居亳尚書序湯始居亳從先王居孔傳契父帝嚳都亳水經穀水注引皇甫謐曰帝嚳作都於亳

十六年帝使重帥師滅有鄶逸周書史記解昔有鄶君嗇儉滅爵損祿羣臣卑讓上下不臨後□小弱禁罰不行重氏伐之鄶君以亡案重氏蓋國名作僞者删氏字以爲重黎之重遂繫之帝嚳時

四十五年帝錫唐侯命

六十三年帝陟御覽八十引陶宏景云帝嚳在位六十三年路史後紀九亦云帝六十有三載崩此條本之史記集解類聚九引帝王世紀則云帝嚳在位七十年御覽八十引又作七十五年

帝子摯立九年而廢史記索隱引衞宏云摯立九年正義及御覽八十引帝王世紀亦云摯在位九年

帝堯陶唐氏

母曰慶都生於斗維之野常有黃雲覆其上及長觀於三河常有龍隨之一旦龍負圖而至其文要曰亦受天祐眉八采鬢髮長七尺二寸面銳上豐下足履翼宿既而陰風四合赤龍感之孕十四月而生堯於丹陵其狀如圖及長身長十尺有聖德封於唐夢攀天而上高辛氏衰天下歸之出宋書符瑞志

元年丙子隋書律歷志路史後紀十注引古本紀年

帝即位居冀左氏哀六年傳引夏書惟彼陶唐帥彼天常有此冀方僞書五子之歌同

命羲和歷象書堯典乃命羲和欽若昊天歷象日月星辰

五年初巡狩四岳書舜典五載一巡狩此蓋據舜典推之

七年有麟路史後紀十堯在位七年麒麟游於藪澤案拾遺記一堯在位七十年有鸞雛歲歲來集麒麟游於藪澤路史本之而譌七十年爲七年僞紀年遂云七年有麟矣

十二年初治兵

十六年渠搜氏來賓書禹貢織皮崐崘析枝渠搜西戎即敘

十九年命共工治河書堯典共工方鳩僝功鄭注共工水官名周語昔共工棄是道也虞于湛樂淫失其身欲壅防百川墮高堙庳以害天下是共工本是水官又嘗治水故遂有先縣治河之說

二十九年春僬僥氏來朝貢沒羽類聚十一御覽八十引帝王世紀堯時僬僥氏來貢沒羽

四十二年景星出於翼初學記九御覽八十又八百七十二八百九十三引尚書中候帝堯即政七十載景星出翼論衡是應篇引作堯時景星見于軫公羊傳宣二年疏引春秋感
精符滅蒼者翼也彼注云堯翼星之精在南方其色赤
五十年帝游于首山文選宣德皇后令注御覽八十路史餘論七引論語比考讖堯率舜游首山
乘素車玄駒文選辯命論注初學記九又二十四御覽八十引尸子君天下者麒麟青龍而堯素車玄駒五帝德堯丹車白馬五帝本紀堯彤車乘白馬
五十三年帝祭于洛初學記六又九引尚書中候堯率羣臣東沈璧于洛
五十八年帝使后稷放帝子朱于丹水海內南經注引古本紀年后稷放帝朱于丹水史記五帝本紀及高祖本紀正義引后稷放帝
子丹朱
六十一年命崇伯鯀治河周語其在有虞有崇伯鮌播其淫心稱遂共工之過
六十九年黜崇伯鯀書堯典帝曰咨四岳湯湯洪水方割蕩蕩懷山襄陵浩浩滔天下民其咨有能俾乂僉曰於鯀哉帝曰往欽哉九載績用弗成是鯀治水凡九載但此實以六十九年則
妄矣
七十年春正月帝使四岳錫虞舜命書堯典帝曰朕在位七十載汝能庸命巽朕位岳曰否德忝帝位曰明明揚側陋師錫帝曰有鰥在下曰
虞
帝在位七十年景星出翼鳳皇在庭朱草生嘉禾秀甘露潤
醴泉出日月如合璧五星如連珠廚中自生肉其薄如箑搖
動則風生食物寒而不臭名曰箑脯又有草莢階而生月朔
始生一莢月半而生十五莢十六日以後日落一莢及晦而

盡月小則一莢焦而不落名曰蓂莢一曰歷莢洪水既平歸功於舜將以天下禪之乃潔齋修壇場於河洛擇良日率舜等升首山遵河渚有五老游焉蓋五星之精也相謂曰河圖將來告帝以期知我者重瞳黃姚五老因飛爲流星上入昴二月辛丑昧明禮備至於日昃榮光出河休氣四塞白雲起回風搖乃有龍馬銜甲赤文綠色緣壇而上吐甲圖而去甲似龜背廣九尺其圖以白玉爲檢赤土爲泥以黃金約以青繩檢文曰闓色授帝舜言虞夏當受天命帝乃寫其言藏於東序後二年二月仲辛率羣臣東沈璧於洛禮畢退俟至於下昃赤光起元龜負書而出背甲赤文成字止壇其書言當禪舜遂讓舜（出宋書符瑞志）

七十一年帝命二女嬪于舜（書堯典釐降二女于嬀汭嬪于虞）

七十三年春正月舜受終于文祖（書舜典帝曰格汝舜詢事考言乃言底可績三載汝陟帝位舜讓于德弗嗣正月上日受終于文祖）

七十四年虞舜初巡狩四岳（尚書大傳維元祀巡狩四嶽八伯鄭注祀年也元年謂月正元日舜假于文祖之年也此以爲受終文祖之後一年）

七十五年司空禹治河（書舜典伯禹作司空）

七十六年司空代曹魏之戎克之（呂氏春秋召類篇禹攻曹魏屈驁有扈以行其教）

八十六年司空入覲贊用玄圭書禹貢禹錫玄圭告厥成功史記河渠書引夏書禹抑洪水十三年此司空禹治河在七十五年入覲在八十六年蓋本之

八十七年初建十有二州書舜典肇十有二州

八十九年作游宮于陶史記貨殖傳昔堯作游成陽如淳曰作起也成陽在定陶

九十年帝游居于陶史記五帝本紀堯立七十年得舜二十年而老

九十七年司空巡十有二州吳越春秋四堯號禹曰伯禹官曰司空領統州伯以巡十二部

一百年帝陟于陶案史記五帝本紀論衡氣壽篇帝王世紀皆云堯在位九十八年然據虞書云朕在位七十載此堯舉舜之歲又云詢事考言乃言底可績三載汝陟帝位此舜攝政之歲又云二十有八載帝乃殂落此堯崩之歲前後得一百一年孔傳與王肅注以堯得舜試舜共在一年故堯在位百年此從之

帝子丹朱避舜於房陵舜讓不克承朱遂封於房為虞賓三年舜即天子之位路史後紀十帝崩虞氏國之於房為房侯

帝舜有虞氏

母曰握登見大虹意感而生舜於姚墟目重瞳子故名重華龍顏大口黑色身長六尺一寸舜父母憎舜使其塗廩自下焚之舜服鳥工衣服飛去又使浚井自上填之以石舜服龍工衣自傍而出耕於歷夢眉長與髮等遂登庸出宋書符瑞志但志無末三字

元年己未帝即位居冀左傳哀六年注唐虞及夏皆都冀方

作大韶之樂書益稷簫韶九成類聚十一御覽八十引帝王世紀乃作大韶之樂

即帝位蓂莢生於階鳳皇巢於庭擊石拊石以歌九韶百獸率舞景星出於房地出乘黃之馬（出宋書符瑞志）

三年命咎陶作刑（北堂書鈔十七引紀年命咎陶作刑不系年世）

九年西王母來朝（大戴禮少閒篇昔舜以天德嗣堯西王母來獻其白琯藝文類聚十一御覽八十引雒書靈准聽舜受終西王母授益地圖中論爵祿篇舜受終於文祖稱曰余一人則西王母來獻白琯）

西王母之來朝獻白環玉玦（出宋書符瑞志但志無之來朝三字）

十四年卿雲見命禹代虞事（此隱括下附注爲說附注出宋書符瑞志而宋志實本尚書大傳文書鈔一百六十路史發揮五雜引宋志所引大傳中語首句皆云惟十有四祀）

在位十有四年奏鐘石笙筦未罷而天大雷雨疾風發屋拔木桴鼓播地鐘磬亂行舞人頓伏樂正狂走舜乃磬堵持衡而笑曰明哉天下非一人之天下也亦乃見於鐘石笙筦乎乃薦禹於天使行天子事也於是和氣普應慶雲興焉若烟非烟若雲非雲郁郁紛紛蕭索輪囷百工相和而歌卿雲帝乃倡之曰慶雲爛兮糺縵縵兮日月光華旦復旦兮羣臣咸進頓首曰明明上天爛然星陳日月光華宏于一人帝乃再歌曰日月有常星辰有行四時從經萬姓允誠於予論樂配

疏上　五

天之靈遷于聖賢莫不咸聽甕乎鼓之軒乎舞之精華已竭
褰裳去之於是八風循通慶雲叢集蟠龍奮迅於其藏蛟魚
踴躍於其淵龜鼈咸出其穴遷虞而事夏舜乃設壇於河依
堯故事至於下昃榮光休至黃龍負圖長三十二尺廣九尺
出於壇畔赤文綠錯其文言當禪禹出宋書符瑞志

十五年帝命夏后有事于太室考工記匠人夏后氏世室

十七年春二月入學初用萬夏小正二月丁亥萬舞入學

二十五年息慎氏來朝貢弓矢

二十九年帝命子義鈞封于商案此放古本紀年放帝子朱于丹水句爲之

三十年葬后育于渭漢書地理志右扶風陳倉有黃帝孫舜妻盲冢祠案盲育字形相近

三十二年帝命夏后總師僞書大禹謨帝曰格汝禹朕陟帝位三十有三載耄期倦于勤汝惟不怠總朕師

遂陟方岳

三十三年春正月夏后受命于神宗僞書大禹謨正月朔旦受命于神宗

遂復九州漢書地理志堯遭洪水天下分絕爲十二州禹平水土更置九州

三十五年帝命夏后征有苗有苗氏來朝僞書大禹謨帝曰咨禹惟是有苗弗率汝徂征三旬苗民逆命七旬有苗格

四十二年玄都氏來朝貢寶玉逸周書史記解有玄都氏

四十七年冬隕霜不殺草木呂氏春秋應同篇禹之時天先見草木秋冬不殺

四十九年帝居于鳴條孟子離婁下舜卒于鳴條

五十年帝陟書舜典五十載陟方乃死

義鈞封於商是謂商均后育娥皇也鳴條有蒼梧之山帝崩遂葬焉今海州案隋書地理志東海郡梁置南北二青州東魏改爲海州此附注如出沈約不當有今海州語考困學紀聞五云蒼梧山在海州界此作僞者所本

帝禹夏后氏

母曰修己出行見流星貫昴夢接意感既而吞神珠修己背剖而生禹於石紐虎鼻大口兩耳參鏤首戴鈎鈐胸有玉斗足文履已故名文命長有聖德長九尺九寸夢自洗於河取水飲之又有白狐九尾之瑞當堯之時舜舉之禹觀於河有長人白面魚身出曰吾河精也呼禹曰文命治水言訖授禹河圖言治水之事乃退入於淵禹治水既畢天錫玄珪以告成功夏道將興草木暢茂青龍止於郊祝融之神降於崇山乃受舜禪即天子之位洛出龜書是爲洪範以上出宋書符瑞志三年喪畢都於陽城孟子萬章上舜崩三年之喪畢禹避舜之子於陽城

元年壬子帝即位居冀漢書地理志潁川郡陽翟下臣瓚曰世本禹都陽城汲郡古文亦云居之是古本紀年不云居冀也今本於堯舜禹皆云居冀者蓋以左傳哀六年杜預注云

（唐虞及夏皆都冀方故云然）

頒夏時于邦國（戴記禮運吾得夏時焉史記夏本紀孔子正夏時學者多傳夏小正云）

二年咎陶薨（史記夏本紀帝禹立而舉皋陶薦之且授政焉而皋陶卒）

五年巡狩會諸侯于塗山（左氏哀七年傳禹合諸侯于塗山）

南巡狩濟江中流有二黃龍負舟舟人皆懼禹笑曰吾受命於天屈力以養人生性也死命也奚憂龍哉龍於是曳尾而逝（出宋書符瑞志）

八年春會諸侯于會稽殺防風氏（國語昔禹致羣神于會稽之山防風氏後至禹殺而戮之）

夏六月雨金于夏邑（述異記下先儒說夏禹時天雨金三日）

秋八月帝陟于會稽（史記夏本紀十年帝東巡狩至于會稽而崩）

禹立四十五年（御覽八十二引古本紀年如此今本既云八年帝陟又云禹立四十五年作見雜綜諸書未加修正）

禹薦益於天七年禹崩三年喪畢天下歸啟（出孟子萬章上）

帝啟

元年癸亥帝即位于夏邑

大饗諸侯于鈞臺（左氏昭四年傳夏啓有鈞臺之享）

諸侯從帝歸于冀都

大饗諸侯于璿臺文選王元長曲水詩序至如夏后二龍載驅璿臺之上注引易歸藏曰昔者夏后啓筮享神于晉之墟作爲璿臺于水之陽

二年費侯伯益出就國晉書束晳傳引紀年益干啓位啓殺之史通疑古篇雜說篇兩引益爲后啓所誅此獨云二年費侯伯益出就國蓋故與古本立異觀後附注於伊尹自立云誤以攝政爲眞於太甲殺伊尹云文與前後不類此則易其本文彼則加以案語蓋正文與注出于一人所蒐集也

王師師伐於扈大戰于甘原注有扈在始平鄠縣　尙書序啓與有扈氏戰于甘之野作甘誓甘誓大戰于甘原注七字左傳昭元年注文

六年伯益薨祠之越絕書益死之後啓歲善犧牲以祠之

八年帝使孟涂如巴涖訟海內南經夏后啓之臣曰孟涂是司神于巴巴人請訟于孟涂之所

十年帝巡狩舞九韶于大穆之野海外西經大樂之野夏后啓于此舞九代一曰大遺之野郭注大荒經云大穆之野大荒西經夏后開上三嬪于天得九辨與九歌以下此大穆之野高二千仞開焉得始歌九招郭注竹書曰夏后開儛九韶也御覽八十二引帝王世紀啓升后十年舞九韶

十一年放王季子武觀于西河原注武觀卽五觀也觀國今頓邱衞縣　楚語啓有五觀韋注五觀啓子太康昆弟也墨子非樂下於武觀曰啓乃淫溢康樂野于飲食云云是武觀乃書篇名非人名此以五觀爲武觀乃雜采二書爲之觀國今頓邱衞縣亦左傳昭元年注文

十五年武觀以西河叛漢書地理志東郡有畔觀縣案本畔觀二縣自宋本以下皆誤以爲一縣聯綴不分

彭伯壽帥師征西河武觀來歸書鈔十三引紀年啓征西河路史後紀十三旣征西河注紀年在二十五年御覽八十二引帝王世紀啓三十五年征河西此系之十五年者以此旣依路史啓十六年陟則不得有二十五年三十五年也逸周書嘗麥解其在殷之五子忘伯禹之命假國無正用胥興作亂遂亡厥國皇天哀禹賜彭壽思正夏略

十六年陟路史後紀十三啓在位十有六歲年九十一此本之眞誥十五引竹書啓卽位三十九年亡年七十八路史注引紀年啓二十九年年九十八與今本迥異御覽八十二引帝王世紀啓在位九年通鑑外紀啓在位九年又引皇甫謐曰十年

帝太康

元年癸未帝即位居斟尋水經巨洋水注漢書地理志注史記夏本紀正義引臣瓚曰汲郡古文太康居斟尋

畋于洛表僞書五子之歌畋于有洛之表

羿入居斟尋水經巨洋水注漢書地理志注史記夏本紀正義引臣瓚曰汲冢古文太康居斟尋羿亦居之

四年陟帝王世紀通鑑外紀皆云在位二十九年路史後紀十三云在位蓋十有九歲失政又十歲而死並與此異

帝仲康

元年己丑帝即位居斟尋

五年秋九月庚戌朔日有食之新唐書歷志張説歷議新歷仲康五年癸巳歲九月庚戌朔日蝕在房二度

命胤侯帥師征羲和僞書胤征惟仲康肇位四海胤侯命掌六師羲和廢厥德酒荒于厥邑胤后承王命徂征

六年錫昆吾命作伯鄭語昆吾見夏伯矣

七年陟通鑑外紀仲康在位十三年路史注引紹運圖同年代歷二十八年路史後紀仲康十有八歲崩均與此互異

世子相出居商邱依邳侯原注一作依同姓諸侯斟灌斟尋　御覽八十二引帝王世紀乃徙商邱依同姓諸侯斟灌氏斟尋氏

帝相

元年戊戌帝即位居商邱御覽八十二引紀年帝相即位處商邱

征淮夷御覽八十二引紀年元年征淮夷路史後紀十三征淮畎注淮夷畎夷紀年云元年後漢書西羌傳后相即位乃征畎夷此僅采御覽所引

二年征風及黃夷御覽八後漢書東夷傳　注及十二引紀年二年征風夷及黃夷通鑑外紀引二年征黃夷

七年于夷來賓後漢書東夷傳注外紀注路史後紀十三注均引紀年七年于夷來賓

八年寒浞殺羿使其子澆居過見左襄四年傳但左傳殺羿封澆非一年事

九年相居于斟灌水經巨洋水注漢書地理志注路史後紀十三引臣瓚曰汲冢古文相居斟灌

十五年商侯相土作乘馬周禮校人注荀子解蔽篇注引世本相土作乘馬

遂遷于商邱左氏襄九年傳昔陶唐之火正閼伯居商邱相土因之

二十年寒浞滅戈左襄四年傳寒浞處澆于戈

二十六年寒浞使其子帥師滅斟灌左襄四年傳使澆用師滅斟灌及斟尋氏

二十七年澆伐斟鄩大戰于濰覆其舟滅之楚辭天問覆舟斟尋何道取之

二十八年寒浞使其子澆弑帝后緡歸于有仍左哀元年傳昔有過澆殺斟灌以伐斟尋滅夏后相后緡方娠逃出自竇歸于有仍生少康焉

伯靡出奔鬲左襄四年傳靡奔有鬲氏但傳次在家衆殺羿之後

斟灌之墟是爲帝邱后緡方娠逃出自竇歸於有仍三句見上伯靡奔有鬲氏見上

夏世子少康生原注丙寅年　左哀元年傳后緡方娠逃出自竇歸于有仍生少康焉

少康自有仍奔虞原注丙寅年　左哀元年傳少康爲仍牧正澆使椒求之逃奔有虞

伯靡自鬲帥斟鄩斟灌之師以伐浞左襄四年傳靡自有鬲氏收二國之燼以滅浞而立少康

世子少康使汝艾伐過殺澆原注甲辰年　左襄四年傳少康滅澆于過又哀元年傳使女艾諜澆

伯子杼帥師滅戈左襄四年傳后杼滅豷于戈又哀元年傳使季杼誘豷

伯靡殺寒浞見上

少康自綸歸于夏邑原注乙巳年　左哀元年傳虞思於是妻之以二姚而邑諸綸案原本小注寒浞自丙寅至乙巳凡四十年通鑑外紀羿八年浞三十二年亦四十年而此書附注云夏有王與無王用歲四百七十一年去寒浞四十年得四百三十一年與易緯稽覽圖云禹四百三十一年合蓋卽據稽覽圖以定寒浞之年也

明年后緡生少康既長爲仍牧正惎澆能戒之澆使椒求之將至仍少康逃奔有虞爲之庖正以除其害虞思於是妻之以二姚而邑諸綸有田一成有衆一旅能布其德而兆其謀以收夏衆撫其官職以上出左哀元年傳夏之遺臣伯靡自有鬲氏收二斟以伐浞見上浞恃澆皆康娛日忘其惡而不爲備出楚辭離騷少康使汝艾諜澆見上初浞娶純狐氏有子早死其婦曰女歧寡居澆强圉往至其戶陽有所求女歧爲之縫裳共舍而宿汝艾夜使人襲斷其首乃女歧也澆既多力又善走艾乃畋獵放犬逐獸因嗾澆顚隕乃斬澆以歸于少康出楚辭天問而又爲之辭於是夏衆滅浞奉少康歸於夏邑諸侯始聞之立爲天子祀夏配天不失舊物末二語出左哀元年傳

帝少康

元年丙午帝即位諸侯來朝賓虞公

二年方夷來賓（後漢書東夷傳注引紀年少康即位方夷來賓路史後紀十三注同）

三年復田稷（周語昔我先王世后稷以服事虞夏及夏之衰棄稷弗務我先王不窋用失其官而自竄于戎狄之間）

后稷之後不窋失官至是而復（見上）

十一年使商侯冥治河（晉語及祭法冥勤其官鄭氏祭法注冥契六世之孫也其官玄冥水官也）

十八年遷于原（此因御覽引紀年有帝宁居原之文故云）

二十一年陟（通鑑外紀少康在位二十一年路史後紀十三在位四十有六歲）

帝杼

元年乙巳帝即位居原（御覽九十二引紀年帝宁居原路史後紀十三注引帝予居原）

五年自原遷于老邱（御覽八十二引紀年自遷于老邱路史後紀十三注引作自原遷于老王）

八年征于東海及三壽得一狐九尾（海外東經注引汲郡竹書柏杼子征于東海及三壽得一狐九尾）

十三年商侯冥死于河（晉語及祭法冥勤其官而水死）

十七年陟（御覽八十二引帝王世紀帝宁在位十七年通鑑外紀從之路史後紀二十有七歲陟）

杼或作帝宁一曰柏杼（均見上）杼能帥禹者也故夏后氏報焉（出魯語）

帝芬

元年戊子帝即位

三年九夷來御後漢書東夷傳注引紀年后芬即位三年九夷來御外紀路史後紀引並同

十六年洛伯用與河伯馮夷鬭水經洛水注引紀年洛伯用與河伯馮夷鬭不云何年

三十三年封昆吾氏子于有蘇鄭語已姓昆吾蘇顧溫董唐書宰相世系表昆吾之子封于蘇

三十六年作圜土

四十四年陟御覽八十二引紀年后芬立四十四年又引帝王世紀芬在位二十六年外紀從之路史後紀十三二十有六歲陟注世紀二十八年紀年四十四年非

芬或曰芬發

帝芒

元年壬申帝即位以玄珪賓于河書鈔八十九初學記十三御覽八十二引紀年后荒即位元年以玄珪賓于河初學記珪作璧御覽荒作芒

十三年東狩于海獲大魚書鈔初學記御覽引紀年與玄珪賓河爲一年事書鈔魚作鳥

三十三年商侯遷于殷此因山海經引紀年有殷王子亥故設遷殷一事

五十八年陟御覽八十二引紀年后芒陟位五十八年路史後紀十三注引后芒陟年五十八外紀在位十八年又引帝王本紀云十三年路史從外紀

芒或曰帝荒見上

帝泄

元年辛未帝即位

十二年殷侯子亥賓于有易有易殺而放之大荒東經注引竹書殷王子亥賓于有易而淫焉有易之君綿臣殺而放之是故殷主甲微假師于河伯以伐有易滅之遂殺其君綿臣也

十六年殷侯微以河伯之師伐有易殺其君綿臣見上

殷侯子亥賓于有易而淫焉有易之君綿臣殺而放之故殷上甲微假師于河伯以伐有易滅之遂殺其君綿臣見上 中葉衰而上甲微復興故商人報焉出魯語

二十一年命畎夷白夷玄夷風夷赤夷黃夷後漢書東夷傳注引紀年后泄二十一年命畎夷白夷赤夷玄夷風夷陽夷外紀及路史後紀十三所引略同

二十五年陟路史後紀十三注引紀年作二十一御覽八十二引帝王世紀帝泄在位十六年外紀從之路史後紀帝洩二十六歲陟注世紀同年代歷十六年紀年二十一皆非

帝不降

元年己亥帝即位

六年伐九苑御覽八十二引紀年不降即位六年伐九苑路史引同

三十五年殷滅皮氏逸周書史記解信不行義不立則哲士淩君政禁而生亂皮氏以亡

五十九年遜位于弟扃御覽八十二引紀年六十九年其弟立是爲帝扃外紀帝不降在位五十九年路史後紀五十九歲陟注世紀年代歷同紀年六十九

帝扃

元年戊戌帝即位

十年帝不降陟見上

三代之世內禪惟不降實有聖德

十八年陟御覽八十二引帝王世紀帝扃在位二十一年外紀路史從之

帝廑

一名胤甲御覽八十二引紀年帝廑一名胤甲

元年己未帝即位居西河海外東經注通鑑外紀路史後紀注御覽八十二引紀年胤甲即位居西河御覽四引胤甲居于河西

四年作西音呂氏春秋音初篇殷整甲徙宅西河猶思故處實始作爲西音此係之夏胤甲失之

昆吾氏遷于許原注己姓名樊封于衞夏衰爲伯遷于舊許　左昭十二年傳昔我皇祖伯父昆吾舊許是宅蓋謂陸終之子昆吾不得在胤甲時

八年天有祅孽十日並出其年陟海外東經注通鑑外紀路史後紀引紀年天有妖孽十日並出其年胤甲陟不著何年御覽八十二引帝王世紀帝廑在位二十年外紀路史皆從之

帝孔甲

元年乙巳帝即位居西河

廢豕韋氏使劉累豢龍左昭二十九年傳陶唐氏既衰其後有劉累學擾龍於豢龍氏以事孔甲能飲食之夏后嘉之賜氏曰御龍以更豕韋之後

三年王畋于萯山呂氏春秋音初篇夏后孔甲畋于東陽萯山

五年作東音呂氏春秋音初篇孔甲乃作破斧之歌實始爲東音

七年劉累遷于魯陽左昭二十九年傳龍一雌死潛醢以食夏后既而使求之懼而遷于魯縣杜注魯縣今魯陽也

王好事鬼神肆行淫亂諸侯化之夏政始衰略本史記夏本紀田於東陽萯山天大風晦盲孔甲迷惑入於民室主人方乳或曰后來

見良日也之子必大吉或又曰不勝也之子必有殃孔甲聞之曰以爲余一人子夫誰殃之乃取其子以歸旣長爲斧所戕乃作破斧之歌是爲東音呂氏春秋音初篇劉累所畜龍一雌死潛醢以食夏后夏后饗之旣而使求之懼而遷于魯陽其後爲范氏左昭二十九年傳

九年陟通鑑外紀孔甲在位三十一年路史注引年代歷同路史以脩甲孔甲爲一人云在位四十歲

殷侯復歸于商邱

帝昊

昊一作皐左僖三十三年傳其北陵夏后皐之墓也

元年庚辰帝即位

使豕韋氏復國原注夏衰昆吾豕韋相繼爲伯此因帝孔甲時廢豕韋氏故云然

三年陟御覽八十二引紀年后昊立三年通鑑外紀路史後紀皆云十一年

帝發

一名后敬或曰發惠御覽八十二引紀年后發一名后敬或曰發路史後紀帝敬發一曰惠注見紀年

元年乙酉帝即位

諸侯賓于王門再保墉會于上池諸夷入舞書鈔八十二引紀年后發即位元年諸侯賓于王門再保墉會于上池諸

夷入舞又後漢書東夷傳注御覽七百八十通鑑外紀路史後紀分引

七年陟 通鑑外紀發在位十三年又引帝王本紀云十二年路史同

泰山震 述異記上桀時泰山山走石泣先儒說桀之將亡泰山三日泣

帝癸

一名桀

元年壬辰帝即位居斟鄩 水經巨洋水注漢書地理志注史記夏本紀正義引臣瓚曰太康居斟尋桀亦居之

三年築傾宮 文選吳都賦注引紀年桀築傾宮

毀容臺 御覽八十二引尸子昔夏桀之時容臺振而掩覆亦見淮南覽冥訓

畎夷入于岐以叛 後漢書西羌傳后桀之亂畎夷入居邠岐之間

六年歧踵戎來賓 呂氏春秋當染篇桀染于干辛歧踵戎

十年五星錯行夜中星隕如雨

地震

伊洛竭 周語昔伊洛竭而夏亡

十一年會諸侯于仍有緡氏逃歸遂滅有緡 左昭四年傳夏桀爲仍之會有緡叛之

十三年遷于河南 史記吳起列傳夏桀之居伊闕在其南羊腸在其北瓚曰今河南城爲直之

初作輦 後漢書井丹傳桀乘人車通典六十六夏氏末代制輦

十四年扁帥師伐岷山原注一作山民　藝文聚類八十三御覽一百三十五引紀年桀伐岷山御覽八十二引作山民
癸命扁伐山氏山民女于桀二人曰琬曰琰后愛二人女無
子焉斵其名於苕華之玉苕是琰華是琬而棄其元妃於洛
曰妹喜於傾宮飾瑤臺居之出御覽八十二引紀年

十五年商侯履遷于亳原注成湯元年尚書序湯始居亳

十七年商使伊尹來朝孟子告子下五就湯五就桀者伊尹也

二十年伊尹歸于商及汝鳩汝方會于北門尚書序伊尹去亳適夏既醜有夏復歸于亳入自北門乃遇汝鳩汝方作汝鳩汝方

二十一年商師征有洛克之逸周書史記解昔者有洛氏宮室無常池囿廣大工功日進以後更前民不得休農失其時饑饉無食成商伐之有洛以亡
遂征荆荆降越絕書三湯行仁義敬鬼神天下皆一心歸之當是時荆伯未從也湯於是乃飾犧牛以事荆伯乃委其誠心

二十二年商侯履來朝命囚履于夏臺史記夏本紀桀乃召湯而囚之於夏臺

二十三年釋商侯履諸侯遂賓于商書鈔十引尚書大傳桀無道囚湯後釋之諸侯八譯來朝者六國

二十六年商滅温鄭語己姓昆吾蘇顧温董則夏滅之矣

二十八年昆吾氏伐商
商會諸侯于景亳昭四年左傳商湯有景亳之命
遂征韋商師取韋遂征顧詩商頌韋顧既伐

太史令終古出奔商 呂氏春秋先識篇夏桀迷惑暴亂愈甚太史令終古乃出奔如商淮南氾論訓太史令終古即奔商三年而桀亡此系之二十八年本之

二十九年商師取顧

三日並出 開元占經六引尚書考靈耀黑帝之亡三日並照又引孝經緯夏時二日並出讖曰桀無道兩日照

費伯昌出奔商 博物志十夏桀之時費昌之河上見二日在東者爛爛將起在西者沈沈將滅若疾雷之聲昌問於馮夷曰何者爲殷何者爲夏馮夷曰西夏東殷於是費昌徒族歸殷

冬十月鑿山穿陵以通于河 御覽八十二引六韜桀時有瞿山之地十月鑿山陵通之於河

三十年瞿山崩 御覽引六韜桀時有瞿山之地地字疑本作崩

殺其大夫關龍逄 莊子人閒世昔者桀殺關龍逄

商師征昆吾 詩商頌章顧既伐昆吾夏桀

冬聆隧災 周語夏之亡也回祿信于聆隧

三十一年商自陑征夏邑 尚書序伊尹相湯伐桀升自陑

克昆吾 詩商頌箋昆吾夏桀同時誅也詳孔疏

大雷雨戰于鳴條 尚書序遂與桀戰于鳴條之野

夏師敗績桀出奔三朡商師征三朡 尚書序夏師敗績湯遂從之遂伐三朡

戰于郕 呂氏春秋簡選篇以戊子戰于郕

獲桀于焦門 淮南主術訓擒之焦門

放之于南巢 御覽八十三引紀年湯遂滅夏桀逃南巢氏僞書仲虺之誥成湯放桀于南巢

自禹至桀十七世有王與無王用歲四百七十一年原注始壬子終壬戌御覽八十二引紀年文選六代論注史記夏本紀集解分引路史後紀注引紀年幷窮寒四百七十二年

案此都數與上諸帝在位之年數不合綜計上諸帝在位年數則禹八年啓十六年太康四年仲康七年相二十八年少康二十一年杼十七年芬四十四年芒五十八年泄二十五年不降五十九年扃十八年廑八年孔甲九年昊三年發七年癸三十一年凡三百七十三年必無王之世有九十八年然可得四百七十一年之數則少康陟時年已百二十歲事難徵信又本書諸帝即位之年各著歲名以歲名核之則夏后氏始壬子終壬戌凡四百三十一年而寒浞四十年亦在其中考昔人所以定寒浞爲四十年者以古本紀年云夏四百七十一年而漢書律歷志云四百三十二歲易緯稽覽圖云禹四百三十一年差四十年遂以此四十年爲無王之世以調停之蓋古言歷者有此說故通鑑外紀云羿八年浞三十二年共四十年然外紀用漢志說以夏爲四百三十二年此書用稽覽圖說以夏爲四百三十一年而無王之年仍入此中遂與古紀年四百七十一年之都數不能相應至諸帝在位年數復與此四百三十一年之都數不合者因作僞者復假設踰舉即位之說故啓在位年數以歲名差之得十九年而本書云十六年陟則禹崩踰三年始即位太康在位年數以歲名差之當得八年而本書云太康四年陟則啓崩踰四年始即位其餘放此然如芒扃桀三帝又皆踰年即位其參差無例亦甚矣

殷商成湯

名履

湯有七名而九征御覽八十三引紀年放桀於南巢而還諸侯八譯而朝者千八百國奇肱氏以車至乃同尊天乙履爲天子三讓遂即天子之位初高辛氏之世妃曰簡狄以春分玄鳥至之日從帝祀郊禖與其妹浴於玄邱之水有玄鳥銜卵而墜之五色甚好二人競取覆以二筐簡狄先得而吞之遂孕胸剖而生契長爲堯司徒成功於民受封於商後十三世生主癸主癸

之妃曰扶都見白氣貫月意感以乙日生湯號天乙下銳上
皙而有髯句身而揚聲長九尺臂有四肘是爲成湯湯在亳
能修其德伊摯將應湯命夢乘船過日月之傍湯乃東至於
洛觀帝堯之壇沈璧退立黃魚雙踴黑鳥隨之止於壇上化
爲黑玉又有黑龜並赤文成字言夏桀無道成湯遂當代之
檮杌之獸見於邳山有神牽白狼御鉤而入商朝金德將盛
銀自山溢湯將奉天命放桀夢及天祇之遂有天下商人後
改天下之號曰殷出宋書符瑞志

十八年癸亥王即位居亳唐書歷志張說五星議成湯伐桀歲在壬戌其明年湯始建國爲元祀

始屋夏社尚書序湯既勝夏欲遷其社不可作夏社郊特牲是故喪國之社屋之

十九年大旱

氐羌來賓詩商頌昔有成湯自彼氐羌莫敢不來享莫敢不來王

二十年大旱

夏桀卒于亭山荀子解蔽篇桀死于亭山

禁弦歌舞書鈔九類聚八十二初學記九御覽三十五等引尸子湯之救旱也弦歌鼓舞者禁之

二十一年大旱

鑄金幣管子輕重八湯以莊山之金鑄幣而贖民之無糧賣子者

二十二年大旱

二十三年大旱

二十四年大旱

王禱于桑林雨呂氏春秋順民篇湯克夏而正天下天大旱五年不收湯乃以身禱于桑林雨乃大至云云上五年逆書大旱亦本此

二十五年作大濩樂呂氏春秋古樂篇湯乃命伊尹作爲大薩

初巡狩定獻令逸周書王會解湯問伊尹曰其爲四方獻令

二十七年遷九鼎于商邑左宣三年傳桀有昏德鼎遷于商

二十九年陟御覽八十三引韓詩內傳湯爲天子十三年百歲而崩漢書律歷志成湯方即世崩沒之時爲天太用事十三年矣商十二月乙丑朔冬至故書序曰成湯既沒太甲元年使伊尹作伊訓伊訓曰惟子甲元年十有二月乙丑朔據此則自湯元年至太甲元年爲十三年湯在天子位凡十二年

外丙

名勝御覽八十三引紀年外丙勝居亳

元年乙亥王即位居亳見上

命卿士伊尹

二年陟孟子萬章上外丙二年史記同

仲壬

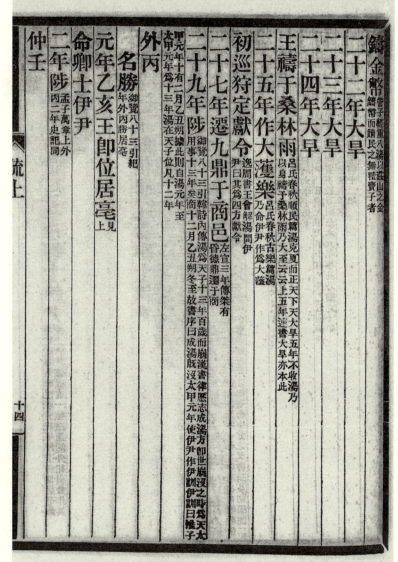

名庸

元年丁丑王即位居亳命卿士伊尹春秋經傳集解後序引紀年仲壬即位居亳命卿士伊尹書咸有一德疏通鑑外紀引命作其

四年陟孟子萬章上仲壬四年史記同

太甲

名至

元年辛巳王即位居亳命卿士伊尹

伊尹放太甲于桐乃自立春秋後序書疏外紀引紀年仲壬崩伊尹放太甲于桐乃自立

約按伊尹自立蓋誤以攝政爲眞耳

七年王潛出自桐殺伊尹天大霧三日乃立其子伊陟伊奮命復其父之田宅而中分之春秋後序書疏外紀引紀年伊尹即位放太甲七年太甲潛出自桐殺伊尹乃立其子伊陟伊奮命復其父之田宅而中分之又書疏及初學記二引帝王世紀伊尹卒年百有餘歲大霧三日

約案此文與前後不類蓋後世所益

十年大饗于太廟書盤庚茲余大享于先王

初祀方明漢書律歷志伊訓篇維太甲元年十有二月乙丑朔伊尹祀于先王誕資有牧方明是本元年事此乃繫之十年

十二年陟史記魯周公世家索隱案紀年太甲惟得十二年

沃丁

名絢 御覽八十三引紀年沃丁絢即位居亳

元年癸巳王即位居亳 見上

命卿士咎單 尚書序沃丁既葬伊尹于亳咎單遂訓伊尹事作沃丁

八年祠保衡 尚書疏初學記二引帝王世紀沃丁八年伊尹卒年百有餘歲大霧三日沃丁葬以天子之禮祀以太牢親自臨喪三年以報大德

十九年陟 通鑑外紀沃丁在位二十九年

小庚 約案史記作太庚

名辨 御覽八十三引紀年小庚辨即位居亳

元年壬子王即位居亳 見上

五年陟 御覽八十三引史記帝太庚在位二十五年崩外紀從之案史記商諸帝無在位年數蓋採他書補之後放此

小甲

名高 御覽八十三引紀年小甲高即位居亳

元年丁巳王即位居亳 見上

十七年陟 御覽八十三引史記帝小甲在位十七年外紀在位三十六年又引帝王本記云五十七年

雍己

名伷 御覽八十三引紀年雍己伷即位居亳

元年甲戌王即位居亳 見上

十二年陟御覽八十三引史記帝雍己在位十二年崩外紀十三年

太戊

名密

元年丙戌王即位居亳

命卿士伊陟臣扈書君奭在大戊時則有若伊陟臣扈格于上帝

七年有桑穀生于朝尚書序伊陟相大戊亳有祥桑穀共生于朝

十一年命巫咸禱于山川

二十六年西戎來賓王使王孟聘西戎海外西經注武帝大戊使王孟采藥從西王母

三十一年命費侯中衍爲車正史記秦本紀大費玄孫曰孟戲中衍鳥身人言帝太戊聞而卜之使御吉遂致使御而妻之

三十五年作寅車詩小雅六月傳殷曰寅車先疾也

四十六年大有年

五十八年城蒲姑

六十一年東九夷來賓

七十五年陟書無逸肆中宗之享國七十有五年御覽八十三引史記中宗在位七十有五年崩

大戊遇祥桑側身修行三年之後遠方慕明德重譯而至者

七十六國商道復興廟爲中宗原注竹書作太宗　案史記殷本紀以太甲爲太宗太戊爲中宗御覽八十三引紀年以祖乙爲中宗則大戊亦有

稱太宗之理然作此注者固不能見汲冢原書或見他書所引紀年有此說與

仲丁

名莊

元年辛丑王即位自亳遷于囂于河上御覽八十三引紀年仲丁即位元年自亳遷于囂

六年征藍夷後漢書東夷傳注引紀年仲丁即位征于藍夷

九年陟御覽八十三引紀年帝仲丁在位十一年外紀同

外壬

名發

元年庚戌王即位居囂御覽八十三引紀年外壬居囂

邳人侁人叛左昭元年傳商有邳姺

十年陟御覽八十三引史記帝外壬在位十五年外紀同

河亶甲

名整御覽八十三引紀年河亶甲整即位

元年庚申王即位自囂遷于相御覽八十三引紀年河亶甲整即位自囂遷于相

三年彭伯克邳鄭語大彭豕韋爲商伯矣

四年征藍夷御覽八十三引紀年河亶甲征藍夷

五年侁人入于班方彭伯韋伯伐班方侁人來賓御覽八十三引紀年河亶甲再征班方

九年陟御覽八十三引史記河亶甲在位九年外紀同

祖乙

名滕御覽八十三引紀年祖乙滕即位

元年己巳王即位自相遷于耿

命彭伯韋伯見上

二年圮于耿尚書序祖乙圮于耿作祖乙

自耿遷于庇御覽八十三引紀年祖乙滕即位是爲中宗居庇

三年命卿士巫賢書君奭在祖乙時則有若巫賢

八年城庇

十五年命邠侯高圉

十九年陟覽覽八十三引史記祖乙在位十九年外紀同

祖乙之世商道復興廟爲中宗原注史記與無逸皆無之 案御覽引紀年祖乙滕即位是爲中宗

祖辛

名旦

元年戊子王即位居庇

十四年陟御覽八十三引史記祖辛在位十六年外紀同

開甲原注史記作沃甲史記索隱沃甲系本作開甲也

名踰御覽八十三引紀年帝開甲踰即位居庇

元年壬寅王即位居庇見上

五年陟御覽八十三引史記沃甲在位二十五年外紀在位二十年

祖丁

名新

元年丁未王即位居庇御覽八十三引紀年祖丁即位居庇

九年陟御覽八十三引史記祖丁在位三十二年外紀同

南庚

名更御覽八十三引紀年南庚更

元年丙辰王即位居庇

三年遷于奄御覽八十三引紀年南庚更自庇遷于奄

六年陟御覽八十三引史記南庚在位二十九年外紀同

陽甲原注一名和甲

名和

元年壬戌王卽位居奄御覽八十三引紀年陽甲卽位居奄

三年西征丹山戎大荒北經注引竹書曰和甲西征得一丹山案隸書和祖二字形相近和甲疑祖甲之譌此據郭注譌字乃有陽甲名和之說矣

四年陟御覽八十三引史記陽甲在位十七年外紀七年又引帝王本紀云十七年

盤庚

名旬御覽八十三引紀年盤庚旬

元年丙寅王卽位居奄

七年應侯來朝水經滍水注漢書地理志注引臣瓚曰汲冢古文殷時已有應國

十四年自奄遷于北蒙曰殷御覽八十三引紀年盤庚旬自奄遷于北蒙曰殷餘見古本紀年輯校

十五年營殷邑

十九年命邠侯亞圉

二十八年陟御覽八十三引史記盤庚在位二十八年外紀同

小辛

名頌御覽八十三引紀年小辛頌卽位居殷

元年甲午王卽位居殷見上

三年陟御覽八十三引史記小辛在位二十一年外紀同

小乙

名斂（御覽八十三引紀年小乙斂即位居殷）

元年丁酉王即位居殷（見上）

六年命世子武丁居于河學于甘盤（書無逸其在高宗舊勞于外僞書說命余小子舊學于甘盤既乃遯于荒野入宅于河）

十年陟（御覽八十三引史記小乙在位二十八年外紀二十一年）

武丁

名昭

元年丁未王即位居殷

命卿士甘盤（書君奭在武丁時則有若甘盤）

三年夢求傅說得之（尚書序高宗夢得說僞書說命王宅憂亮陰三祀既免喪其惟弗言曰夢帝賚予良弼其代予言）

六年命卿士傅說

視學養老（王制凡養老殷人以食禮又殷人養國老于右學養庶老于左學又殷人縞衣而養老）

十二年報祀上甲微（魯語上甲微能帥契者也商人報焉孔叢子論書篇書曰惟高宗報上甲微）

二十五年王子孝已卒于野（尸子殷高宗之子曰孝已其母早死高宗惑後妻言放之而死）

二十九年肜祭太廟有雉來（尚書序高宗祭成湯有飛雉升鼎耳而雊祖已訓諸王作高宗肜日）

三十二年伐鬼方（易下經高宗伐鬼方）

次于荆（詩商頌撻彼殷武奮伐荆楚）

三十四年王師克鬼方易下經高宗伐鬼方三年克之

氏羌來賓

四十三年王師滅大彭鄭語彭姓彭祖豕韋諸稽則商滅之矣

五十年征豕韋克之見上

五十九年陟古文尚書無逸肆高宗之享國五十有九年御覽八十三引帝王世紀武丁在位五十九年此從之隸釋錄漢石經肆高宗之享國百年

王殷之大仁也漢書賈捐之傳力行王道不敢荒寧嘉靖殷邦至于小大無所或怨四語出書無逸是時輿地東不過江黃西不過氐羌南不過荆蠻北不過朔方而頌聲作漢書賈捐之傳禮廢而復起廟爲高宗

祖庚

名曜御覽八十三引紀年祖庚曜居殷

元年丙午卽位居殷見上

十一年陟御覽八十三引史記祖庚在位七年外紀同

祖甲原注國語作帝甲

名載御覽八十三引紀年帝祖甲載居殷

元年丁巳王卽位居殷見上

十二年征西戎

冬王返自西戎 原注祖甲西征得一丹山 案此大荒北經注引竹書祖甲原注作和甲

十三年西戎來賓

命邠侯組紺

二十四年重作湯刑 左昭五年傳商有亂政而作湯刑

二十七年命王子囂王子良 西京雜記霍將軍妻產二子疑所爲兄弟霍光聞之答書曰昔殷王祖甲一產二子曰囂曰良

三十三年陟 書無逸肆祖甲之享國三十有三年案昔人多以祖甲爲太甲鄭玄以爲武丁子帝甲御覽八十三引史記祖甲在位十六年外紀同

王舊在野及在位知小人之依能保惠庶民不侮鰥寡 書無逸 迨

其末也繁刑以攜遠殷道復衰 原注國語曰玄王勤商十有四世帝甲亂之七世而隕

馮辛 原注史記作廩辛漢書古今人表亦作馮辛

名先 御覽八十三引紀年馮辛先居殷

元年庚寅王即位居殷 見上

四年陟 御覽八十三引史記廩辛在位六年外紀同

庚丁

名囂

元年甲午王即位居殷 御覽八十三引紀年庚丁居殷

八年陟 御覽八十四引史記庚丁在位三十一年外紀六年又帝王本紀云二十三年

武乙

名瞿

元年壬寅王卽位居殷（御覽八十三引紀年武乙卽位居殷）

邠遷于岐周（孟子梁惠王下太王去邠踰梁山邑于岐山之下居焉）

三年自殷遷于河北（史記殷本紀武乙立殷復去亳遷河北案正義引紀年自盤庚遷殷至紂之滅更不遷都此妄取史記亂之）

命周公亶父賜以岐邑

十五年自河北遷于沬（史記周本紀正義引帝王世紀帝乙復濟河北徙朝歌）

二十一年周公亶父薨

二十四年周師伐程戰于畢克之（逸周書史記解昔有畢程氏損祿增爵羣臣貌匱比而戾民畢程氏以亡）

三十年周師伐義渠乃獲其君以歸（逸周書史記解昔者義渠氏有兩子異母皆重君疾大臣分黨而爭義渠以亡）

三十四年周公季歷來朝王賜地三十里玉十瑴馬十匹（御覽八十三引紀年）

武乙三十四年周王季歷來朝武乙賜地三十里玉十瑴馬八匹

三十五年周公季歷伐西落鬼戎（後漢書西羌傳注引紀年武乙三十五年周王季伐西落鬼戎俘其二十翟王）

王畋于河渭暴雷震死（史記殷本紀武乙獵于河渭之間暴雷震死外紀武乙在位三年又云竹書紀年武乙三十五年周俘狄王與帝王本紀不同然則三年者帝王本紀說也）

文丁（原注史記作大丁非　案後漢書西羌傳注太平御覽通紀外紀引紀年皆作大丁惟北堂書鈔四十一引紀年作文丁御覽八十三引帝王世紀文丁一曰大丁）

名托

元年丁丑王即位居殷 原注自沬歸殷邑

二年周公季歷伐燕京之戎敗績 後漢書西羌傳注引紀年太丁二年周人伐燕京之戎周師大敗

三年洹水一日三絕 御覽八十三引紀年太丁三年洹水一日三絕

四年周公季歷伐余無之戎克之命爲牧師 後漢書西羌傳注引紀年太丁四年周人伐余無之戎克之周王季命爲殷牧師

五年周作程邑 路史國名紀程王季之居

七年周公季歷伐始呼之戎克之 後漢書西羌傳注引紀年太丁七年周人伐始呼之戎克之

十一年周公季歷伐翳徒之戎獲其三大夫來獻捷 後漢書西羌傳注引紀年十一年周人伐翳徒之戎捷其三大夫外紀引作十三年

王殺季歷 晉書束皙傳史通疑古篇雜說篇引紀年文丁殺季歷書鈔四十一引文丁殺周王云云

王嘉季歷之功錫之圭瓚秬鬯九命爲伯既而執諸塞庫季歷困而死因謂文丁殺季歷 原注執王季于塞庫羈文王于玉門鬱尼之情辭以作歌其傳久矣 案庾信齊王憲碑囚箕子于塞庫羈文王于玉門

十二年 原注周文王元年 有鳳集于岐山 周語周之興也鸑鷟鳴于岐山

十三年陟 御覽八十三引史記太丁在位三年外紀同

帝乙

名羨

元年庚寅王即位居殷御覽八十三引紀年帝乙居殷

三年王命南仲西拒昆夷城朔方詩小雅王命南仲往城于方傳王殷王也

夏六月周地震呂氏春秋制樂篇周文王立國八年歲六月文王寢疾五日而地動東西南北不出國郊

九年陟御覽八十三引帝王世紀帝乙在位三十七年外紀同

帝辛

名受原注即紂也曰受辛

元年己亥王即位居殷御覽八十三引紀年帝辛受居殷

命九侯周侯邘侯原注周侯爲西伯昌 史記殷本紀以西伯九侯鄂侯爲三公徐廣曰鄂一作邘

三年有雀生鸇說苑敬慎篇昔者殷王帝辛之時爵生鳶于城之隅

四年大蒐于黎左昭四年傳商紂爲黎之蒐東夷叛之

作炮烙之刑史記殷本紀乃重辟刑有炮烙之法

五年夏築南單之臺

雨土于亳墨子非攻下還至于商王紂天不序其德祀用失時兼夜中十日雨土于薄

六年西伯初禴于畢唐書歷志至紂六祀周文王初禴于畢

九年王師伐有蘇獲妲己以歸晉語殷辛伐有蘇有蘇氏以妲己女焉

作瓊室立玉門文選東京賦吳都賦注引紀年殷紂作瓊室立玉門

十年夏六月王畋于西郊御覽八十三引帝王世紀
紂六月發民獵于西土

十七年西伯伐翟

冬王游于淇水經淇水注老人晨將渡淇而沈吟難濟紂問其故左
右曰老者髓不實故晨寒也紂乃于此斮脛而視髓也

二十一年春正月諸侯朝周

伯夷叔齊自孤竹歸于周史記伯夷列傳伯夷叔齊聞
西伯昌善養老盍往歸焉

二十二年冬大蒐于渭

二十三年囚西伯于羑里史記殷本紀紂
囚西伯羑里

二十九年釋西伯諸侯逆西伯歸于程左襄二十一年紂囚文王七年諸侯皆從之囚
紂于是乎懼而歸之逸周書程寤解文王去商
在程

三十年春三月西伯率諸侯入貢左襄四年傳文王率
商之叛國以事紂

三十一年西伯治兵于畢得呂尚以爲師史記齊太公世家西伯猶遇
太公望于渭之陽立爲師

三十二年五星聚于房文選始出尚書省詩注褚淵碑注安陸昭王碑注類
聚十御覽五引春秋元命苞殷紂之時五星聚于房

有赤烏集于周社墨子非攻下赤烏銜珪降周之
岐社曰天命周文王伐殷有國

密人侵阮西伯帥師伐密詩大雅密人不恭敢拒大邦侵阮徂
共王赫斯怒爰整其旅以遏徂旅

三十三年密人降于周師遂遷于程逸周書大匡解
惟周王宅程

王錫命西伯得專征伐史記殷本紀乃赦西伯賜
之弓矢斧鉞得專征伐

紂案文王受命九年大統未集蓋得專征伐受命自此年始

三十四年周師取耆及邘遂伐崇崇人降史記周本紀受命明年伐犬戎明年伐密須明年敗耆國明年伐邘明年伐崇侯虎而作豐邑明年西伯崩左襄三十一年正義尚書大傳文王一年質虞芮二年伐于三年伐密須四年伐畎夷紂乃囚之文王世子正義引大傳五年文王出則克耆六年伐崇則稱王二說不同此本大傳及史記而繫年又異

冬十二月昆夷侵周詩采薇正義引帝王世紀文王受命四年春正月丙子昆夷侵周一日三至周之東門此在受命三年冬十二月蓋以殷正差之也

三十五年周大饑逸周書大匡解惟周王宅程三年遭天之大荒

西伯自程遷于豐詩大雅既伐于崇作邑于豐

三十六年春正月諸侯朝于周遂伐昆夷尚書大傳四年伐畎夷

西伯使世子發營鎬詩大雅考卜維王宅是鎬京維龜正之武王成之

三十七年周作辟雍詩大雅鎬京辟雍

三十九年大夫辛甲出奔周史記周本紀辛甲大夫之徒皆往歸之

四十年周作靈臺詩大雅經始靈臺

王使膠鬲求玉于周韓非子喻老周有玉版令膠鬲求之文王不與

四十一年春三月西伯昌薨原注周文王葬畢畢西于豐三十里　漢書劉向傳文王周公葬于畢注臣瓚曰汲郡古文畢西于豐十三里

四十二年原注周武王元年西伯發受丹書于呂尚大戴禮記武王踐阼三日召師尚父而問焉曰昔黃帝顓頊之道存乎師尚父曰在丹書

有女子化爲丈夫墨子非攻下時有女爲男

四十三年春大閱

嶢山崩淮南俶眞訓逮至殷紂嶢山崩三川涸又覽冥訓嶢山崩而薄落之水涸

四十四年西伯發伐黎書西伯戡黎

四十七年內史向摯出奔周呂氏春秋先識覽殷內史向摯見紂之愈亂迷惑也於是載其圖法出亡之周

四十八年夷羊見周語商之亡也夷羊在牧

二日並見通鑑外紀紂即位以來兩日見

五十一年冬十一月戊子周師渡孟津而還尚書序惟十有一年武王伐殷一月戊午師渡孟津

王囚箕子殺王子比干微子出奔論語微子去之箕子爲之奴比干諫而死

五十二年庚寅周始伐殷唐書歷志引紀年武王十一年庚寅周始伐商

秋周師次于鮮原逸周書和寤解王乃出圖商至于鮮原

冬十有二月周師有事于上帝庸蜀羌髳微盧彭濮從周師伐殷原注伐殷至邢邱更名邢邱曰懷　僞書武成底商之罪告于皇天后土書牧誓及庸蜀羌髳微盧彭濮人原注十六字見韓詩外傳三

湯滅夏以至于受二十九王用歲四百九十六年原注始癸亥終戊寅史記殷本紀集解引紀年文選六代論注通鑑外紀分引原注戊寅乃庚寅之訛案自癸亥至庚寅實五百八年而以諸帝積年計之亦同並與都數不合蓋以湯元年爲癸亥本於唐書歷志張說歷議而以周始伐商爲庚寅則本歷議所引紀年二者本不同源無怪與古紀年積年不合也原注見其不合乃改爲戊寅然不免與本書諸帝積年及歲名相齟齬蓋書與注亦非盡出一人之手或雖出一手而前後未照也古紀年用歲四百九十六年與易緯稽覽圖同

後學上虞羅繼祖校

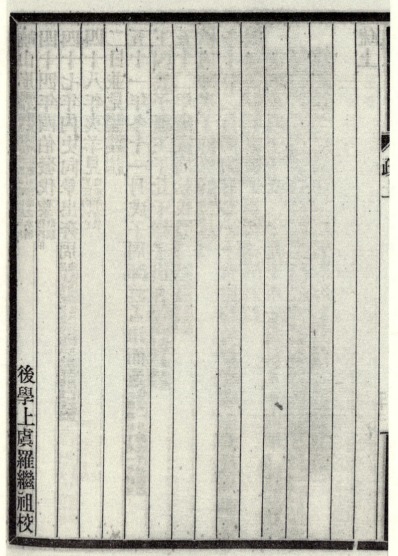

今本竹書紀年疏證卷下

王忠慤公
遺書內編

海甯 王國維

周武王

名發初高辛氏之世妃曰姜嫄助祭郊禖見大人迹履之當時歆如有人道感己遂有身而生男以爲不祥弃之阨巷羊牛避而不踐又送之山林中會伐林者又取而置寒冰上鳥以一翼藉覆之姜嫄以爲異乃收養焉名之曰弃枝頤有異相長爲堯稷官有功於民后稷之孫曰公劉有德諸侯皆以天子之禮待之初黃帝之世讖言曰西北爲王期在甲子昌制命發行誅旦行道及公劉之後十三世而生季歷季歷之十年飛龍盈於殷之牧野此蓋聖人在下位將起之符也季歷之妃曰太任夢長人感己溲於豕牢而生昌是爲周文王龍顏虎肩身長十尺胸有四乳太王曰吾世當有興者其在昌乎季歷兄曰太伯知天命在昌適越終身不反弟仲雍從之故季歷爲嗣以及昌昌爲西伯作邑于豐文王之妃曰太

姒夢商庭生棘太子植梓樹於闕間化爲松柏棫柞以告文王文王幣率羣臣與發並拜告夢季秋之甲子赤爵銜書及豐置於昌戶昌拜稽首受其文要曰姬昌蒼帝子亡殷者紂王將畋史編卜之曰將大獲非熊非羆天遣太師以佐昌臣太祖史疇爲禹卜畋得皐陶其兆類此至於磻溪之水呂尚釣於涯王下趨拜曰望公七年乃今見光景於斯尚立變名答曰望釣得玉璜其文要曰姬受命昌來提撰爾洛鈐報在齊尚出遊見赤人自洛出授尚書命曰召佐昌者子文王夢日月著其身又鸑鷟鳴於岐山孟春六旬五緯聚房後有鳳皇銜書遊文王之都書又曰殷帝無道虐亂天下星命已移不得復久靈祇遠離百神吹去五星聚房昭理四海文王既沒太子發代立是爲武王武王駢齒望羊將伐紂至於孟津八百諸侯不期而會咸曰紂可伐矣武王不從及紂殺比干囚箕子微子去之乃伐紂渡孟津中流白魚躍入王舟王俯取魚長三尺目下有赤文成字言紂可伐王寫以世字魚文消燔魚以告天有火自天止于王屋流爲烏烏銜穀焉穀者

紀后稷之德火者燔魚以告天天火流下應以告也遂東伐紂勝於牧野兵不血及而天下歸之乃封呂尙於齊周德既隆草木茂盛蒿堪爲宮室因名蒿室既有天下遂都於鎬 以上除首二字末八字皆出宋書符瑞志

十二年辛卯王率西夷諸侯伐殷敗之于坶野 水經淸水注引紀年王率西夷諸侯伐殷敗之于坶野

王親禽受于南單之臺遂分天之明 水經淇水注引紀年王親禽帝受辛于南單之臺遂分天之明初學記二十四引王親禽受于南單之臺

立受子祿父是爲武庚 史記殷本紀封紂子武庚祿父以續殷祀

夏四月王歸于豐饗于太廟 漢書律歷志逸書武成惟四月既旁生霸粵六日庚戌武王燎于周廟僞書武成厥四月哉生明王來自商至于豐丁未祀于周廟

命監殷 逸周書作雒解武王克殷乃立王子祿父俾守商祀建管叔于東建蔡叔霍叔于殷俾監殷臣

遂狩于管 逸周書大匡解又文政解惟十有三祀王在管

作大武樂 呂氏春秋古樂篇武王乃命周公作爲大武

十三年巢伯來賓 尙書序巢伯來朝芮伯作旅巢命

薦殷于太廟 逸周書世俘解辛亥薦俘殷王鼎癸丑薦殷俘王士百人案此是克殷年事

遂大封諸侯 尙書序武王既勝殷邦諸侯

秋大有年 詩周頌綏萬邦屢豐年

十四年王有疾周文公禱于壇墠作金縢 書金縢既克商二年王有疾弗豫序周公作金縢

十五年肅愼氏來賓魯語昔武王克商通道於九夷八蠻肅愼氏貢楛矢石砮

初狩方岳誥于沬邑書酒誥王若曰明大命于妹邦

冬遷九鼎于洛左桓二年傳武王克商遷九鼎于洛邑

十六年箕子來朝史記宋微子世家其後箕子朝周

秋王師滅蒲姑左昭九年傳及武王克商蒲姑商奄我東土也

十七年命王世子誦于東宮逸周書武儆解惟十有二祀四月王告夢丙辰出金枝郊寶開和細書命詔周公旦立後嗣屬小子誦文及寶典

冬十有二月王陟年九十四史記周本紀集解皇甫謐曰武王定位元年歲在乙酉六年庚寅崩逸周書作雒解武王克殷既歸乃歲十二月崩鎬御覽八十四引帝王世紀十年冬王崩于鎬時年九十三歲路史發揮四案竹書紀年武王年五十四

成王

名誦逸周書武儆解屬小子誦史記周本紀武王崩太子誦代立

元年丁酉春正月王即位命冢宰周文公總百官史記周本紀成王少周公乃攝行政當國

庚午周公誥諸侯于皇門逸周書皇門解惟正月庚午周公格左閎門會羣門

夏六月葬武王于畢逸周書作雒解元年夏六月葬武王于畢

秋王加元服大戴禮記公冠篇成王冠

武庚以殷叛史記周本紀周公乃攝行政當國管叔蔡叔羣弟疑周公與武庚作亂畔周

周文公出居于東書金縢周公居東

二年奄人徐人及淮夷入于邶以叛逸周書作雒解周公立相天子三叔及殷東徐奄及熊盈以略

秋大雷電以風王逆周文公于郊書金縢秋大熟未穫天大雷電以風王曰今天動威以彰周公之德惟朕小子其新迎王出郊

遂伐殷尚書序周公相成王將黜殷作大誥

三年王師滅殷殺武庚祿父逸周書作雒解二年又作師旅臨衛政殷殷大震潰降辟三叔王子祿父北奔

遷殷民于衛尚書序成王以殷餘民封康叔左定四年傳分康叔以殷民七族

遂伐奄孟子滕文公下伐奄三年討其君

滅蒲姑原注姑與四國作亂故周文公伐之漢書地理志薄姑氏與四國共作亂成王滅之

四年春正月初朝于廟詩序閔予小子嗣王朝于廟也

夏四月初嘗麥逸周書嘗麥解惟四年孟夏王乃嘗麥于大祖

王師伐淮夷遂入奄尚書序成王東伐淮夷遂踐奄作成王政

五年春正月王在奄遷其君于蒲姑尚書序成王既踐奄將遷其君于蒲姑

夏五月王至自奄書多方惟五月丁亥王來自奄至于宗周

遷殷民于洛邑尚書序成周既成遷殷頑民

遂營成周尚書大傳五年營成周

六年大蒐于岐陽左昭四年傳成有岐陽之蒐

七年周公復政于王明堂位七年致政于成王尚書大傳七年致政成王

春二月王如豐 書召誥惟二月既望越六日乙未王朝步自周則至于豐

三月召康公如洛度邑 書召誥越若來三月惟丙午朏越三日戊申太保朝至于洛卜宅厥既得卜則經營

甲子周文公誥多士于成周遂城東都 書召誥甲子周公乃朝用書命庶殷侯甸男邦伯厥既命殷庶庶殷丕作又多士惟三月周公初于新邑洛用告商王士

王如東都諸侯來朝 書洛誥孺子來相宅又云汝其敬識百辟享

冬王歸自東都 書洛誥戊辰王在新邑在十有二月惟周公誕保文武受命惟七年歷家皆以戊辰爲十二月晦此云冬王歸自東都者蓋僞此書者以古祀年用夏正故云爾也

立高圉廟 魯語高圉大王能帥稷者也周人報焉

八年春正月王初莅阼親政 文王世子成王幼不能涖阼

命魯侯禽父齊侯伋遷庶殷于魯 左定四年傳分魯公以殷民六族

作象舞 呂氏春秋古樂篇商人服象爲虐于東夷周公遂以師逐之至于江南乃爲三象以彰其德

冬十月王師滅唐遷其民于杜 左襄二十四年傳在周爲唐杜氏又昭元年傳及成王滅唐

九年春正月有事于太廟初用勺 春秋繁露三代改制質文篇周公輔成王作汋樂以奉天

肅愼氏來朝王使榮伯錫肅愼氏命 尚書序成王既伐東夷息愼來賀王俾榮伯作賄息愼之命

十年王命唐叔虞爲侯 左昭元年傳及成王滅唐而封大叔焉

越裳氏來朝 尚書大傳成王之時越裳重譯而來朝

周文公出居于豐 通鑑外紀周公歸政三年之後老于豐

十一年春正月王如豐

唐叔獻嘉禾王命唐叔歸禾于周文公（尚書序唐叔得禾異畝同穎獻諸天子王命唐叔歸周公于東作歸禾周公既得命禾旅天子之命作嘉禾）

王命周平公治東都（尚書序周公既沒命君陳分正東郊成周作君陳）

約按周平公即君陳周公之子伯禽之弟

十二年王師燕師城韓（詩大雅溥彼韓城燕師所完）

王錫韓侯命（左僖二十四年傳邘晉應韓武之穆也）

十三年王師會齊侯魯侯伐戎

夏六月魯大禘于周公廟（明堂位季夏六月以禘禮祀周公于太廟）

十四年秦師圍曲城克之（秦孫之騄本作齊晏子春秋內篇諫下弟二丁公伐曲沃勝之類聚二十四引作丁公伐曲城）

冬洛邑告成

十八年春正月王如洛邑定鼎（左宣三年傳成王定鼎于郟鄏）

鳳皇見遂有事于河（宋書符瑞志見下附注）

武王沒成王少周公旦攝政七年制禮作樂神鳥鳳皇見蓂莢生乃與成王觀于河洛沈璧禮畢王退俟至于日昃榮光並出幕河靑雲浮至靑龍臨壇銜玄甲之圖坐之而去禮於

洛亦如之玄龜青龍蒼光止於壇背甲刻書赤文成字周公援筆以世文寫之書成文消龜隨甲而去其言自周公訖於秦漢盛衰之符麒麟游苑鳳皇翔庭成王援琴而歌曰鳳皇翔兮於紫庭余何德兮以感靈賴先王兮恩澤臻于胥樂兮民以寧出宋書符瑞志

十九年王巡狩侯甸方岳召康公從周禮大行人十有二歲王巡狩殷國作僞者以成王親政至是十有二年故爲此語

歸于宗周遂正百官僞書周官惟周王撫萬邦巡侯甸歸于宗周董正治官

黜豐侯說文解字豐部鄉飲酒有豐侯者阮諶三禮圖豐國名也坐酒亡國崔駰酒箴豐侯洸酒荷罌抱缶自戮于世圖形戒後

二十一年除治象周禮太宰乃縣治象之法于象魏

周文公薨于豐尚書序周公在豐將沒欲葬成周公薨成王葬于畢

二十二年葬周文公于畢見上

二十四年於越來賓

二十五年王大會諸侯于東都四夷來賓逸周書王會解文繁不具

冬十月歸自東都大事于太廟

三十年離戎來賓逸周書史記解昔者林氏召離戎之君而朝之至而不禮留而不親離戎逃而去之林氏伐之天下叛林氏

約案離戎驪山之戎也爲林氏所伐告於成王

三十三年王遊于卷阿召康公從詩序卷阿召康公戒成王也

歸于宗周

命世子釗如房逆女房伯祈歸于宗周周語昭王娶于房曰房后此以爲康王殆涉昭王而誤

三十四年雨金于咸陽述異記下周成王時咸陽雨金

約案咸陽天雨金三年國有大喪

三十七年夏四月乙丑王陟書顧命惟四月哉生魄王不懌乙丑王崩漢書律歷志成王三十年四月庚戌朔十五日甲子哉生霸故顧命曰惟四月哉生霸王有疾不豫甲子王乃洮沬水作顧命翌日乙丑成王崩通鑑外紀成王在位三十年通周公攝政三十七年

康王

名釗見書顧命康王之誥史記周本紀成王崩太子釗立

元年甲戌春正月王即位命冢宰召康公總百官

諸侯期于豐宮左昭四年傳康有豐宮之朝

三年定樂歌

吉禘于先生

申戒農官告于廟詩序臣工諸侯助祭遣于廟也朱子集傳此戒農官之詩

六年齊太公薨太公呂望表引紀年康王六年齊太公望卒

九年唐遷于晉作宮而美王使人讓之書鈔十八引紀年晉侯作宮而美康王使讓之

十二年夏六月壬申王如豐錫畢公命漢書律歷志康王十二年六月戊辰朔三日庚午故畢命豐刑曰惟十有二年六月庚午朏王命作冊豐刑僞書畢命惟十有二年六月庚午朏越三日壬申王朝步自宗周至于豐以成周之衆命畢公保釐東郊

秋毛懿公薨

十六年錫齊侯伋命

王南巡狩至九江廬山御覽五十四引尋陽記廬山西南有康王谷

十九年魯侯禽父薨漢書律歷志成王元年此命伯禽俾侯于魯之歲也魯公伯禽推即位四十六年至康王十六年而薨此作十九年案下二十一年魯作茅闕門乃煬公時事二十一年煬公已即位前此尚有考公四年則此書亦當從漢志說以魯公薨在康王十六年也十九年三字疑衍

二十一年魯築茅闕門史記魯周公世家魯公伯禽卒子考公酋立考公四年卒立弟熙是爲煬公煬公築茅闕門以漢志伯禽薨年推之此歲爲煬公元年

二十四年召康公薨

二十六年秋九月己未王陟御覽八十四引帝王世紀康王在位二十六年崩外紀同

昭王

名瑕史記周本紀康王崩子昭王瑕立

元年庚子春正月王即位復設象魏案前于成王二十一年云除治象至此復設象魏凡四十三年蓋作僞者見文選注及御覽引紀年成康之世天下安寧刑措四十餘年不用乃書此以影射之也

六年王錫郇伯命詩曹風四國有王郇伯勞之

冬十二月桃李華

十四年夏四月恒星不見廣宏明集十一釋法琳引周書異記周昭王卽位二十四年甲寅歲四月八日江河泉池忽然泛漲井泉並皆溢出宮殿人舍山川大地咸悉震動其夜五色光氣入貫紫微遍于西方盡作青紅色周昭王問太史蘇由曰此何祥也由對曰有大聖人生於西方故現此瑞

秋七月魯人弑其君宰史記魯世家煬公六年卒子幽公宰立幽公十四年幽公弟㵄殺幽公而自立

十六年伐楚涉漢遇大兕初學記七引紀年周昭王十六年伐楚荆涉漢遇大兕

十九年春有星孛于紫微御覽八百七十四引紀年周昭王末年夜清五色光貫紫微其年王南巡不返

祭公辛伯從王伐楚呂氏春秋音初篇周昭王將親征荆蠻辛餘靡長且多力爲王右還反及漢梁敗王及祭公隕於漢中辛餘靡振王北濟反振祭公周乃侯之於西翟

天大曀雉兎皆震喪六師于漢初學記七引紀年周昭王十九年天大曀雉兎皆震喪六師于漢開元占經一百一御覽九百七引上二句

王陟御覽八十四引帝王世紀昭王在位五十一年外紀同又引皇甫謐曰在位二年

穆王

名滿史記周本紀立昭王子滿是爲穆王

元年己未春正月王卽位作昭宮

命辛伯餘靡呂氏春秋音初篇語見上

冬十月築祇宮于南鄭穆天子傳注引紀年穆王元年築祇宮于南鄭

自武王至穆王享國百年晉書束晳傳引紀年穆王以下都于西鄭漢書地理志注

六年春徐子誕來朝錫命爲伯後漢書東夷傳穆王分東方諸侯命徐偃王主之

八年北唐來賓獻一驪馬是生騄耳穆天子傳注引紀年北唐之君來見以一驪馬是生騄耳史記秦本紀集解引騄作驥

九年築春宮 原注王所居有春宮鄭宮 御覽一百七十三引紀年穆王所居春宮鄭宮

十一年王命卿士祭公謀父

十二年毛公班井公利逢公固從王伐犬戎 穆天子傳命毛班逢固先至于周又乃命井利梁固聿將六師

冬十月王北巡狩遂征犬戎 穆天子傳天子北征于犬戎

十三年春祭公帥師從王西征次于陽紆 類聚九十一引紀年穆王十三年西征至于靑鳥之所憩穆天子傳天子西征鶩行至于陽紆之山河宗柏天先白□天子使鄒父受之

秋七月西戎來賓

徐戎侵洛 後漢書東夷傳徐戎僭號乃率九夷以伐宗周西至河上

冬十月造父御王入于宗周 史記秦本紀造父以善御幸於周繆王得赤驥盜驪驊騮騄耳之駟西巡狩樂而忘歸徐偃王作亂造父爲繆王御長驅歸周一日千里以救亂

十四年王帥楚子伐徐戎克之 後漢書東夷傳穆王後得驥騄之乘乃使造父御以告楚令伐徐一日而至於是楚文王大舉兵而滅之

夏四月王畋于軍邱 穆天子傳□辰天子次于軍邱以畋于藪□

五月作范宮 穆天子傳甲寅天子作居范宮

秋九月翟人侵畢 穆天子傳季秋□乃宿于房畢人告戎曰陖翟來侵

冬蒐于萍澤 穆天子傳季冬丙辰天子筮獵苹澤

作虎牢 穆天子傳有虎在于葭中天子將至七萃之士高奔戎請生捕虎必全之乃生捕虎而獻之天子命之爲柙而畜之東虞是爲虎牢

十五年春正月留昆氏來賓穆天子傳留昆歸玉百枚注留昆國見紀年

作重璧臺穆天子傳天子乃爲之臺是曰重璧之臺

冬王觀于鹽澤原注一作王幸安邑觀鹽池非是 穆天子傳仲冬戊子至于鹽注鹽鹽池

十六年霍侯舊薨穆天子傳霍侯舊告薨

王命造父封于趙史記秦本紀繆王以趙城封造父

十七年王西征昆侖邱見西王母其年西王母來朝賓于昭宮穆天子傳注引紀年穆王十七年行征崐崘邱見西王母其年來見賓于昭宮西次三經注引穆王五十七年西王母來見賓于昭宮

秋八月遷戎于太原後漢書西羌傳王乃西征犬戎獲其五王王遂遷戎于太原

王北征行流沙千里積羽千里大荒北經注引紀年征犬戎取其五王以東

穆天子傳注引紀年西征至于靑鳥所解原注三危山西次三經注引紀年西征還履天下億有九萬里穆天子傳注引紀年

十八年春正月王居祗宮諸侯來朝

二十一年祭文公薨逸周書祭公解謀父疾維不瘳

二十四年王命左史戎夫作記逸周書史記解維正月王在成周昧爽召三公左史戎夫曰今夕朕寤遂事驚予乃取遂事之要戒俾戎夫主之朔望以聞

三十五年荆人入徐毛伯遷帥師敗荆人于泲

三十七年大起九師東至于九江架黿鼉以爲梁遂伐越至于

紆 文選恨賦注引紀年穆王三十七年伐越大起九師東至于九江叱黿鼉以爲梁路史國名紀紆穆王伐之大起九師東至九江蚖蟬爲梁亦本紀年此兼取二書遂云伐越至于紆矣

荊人來貢 類聚九引紀年穆王三十七年伐楚

三十九年王會諸侯于塗山 左昭四年傳穆有塗山之會

四十五年魯侯濞薨 史記魯周公世家幽公弟濞殺幽公而自立是爲魏公魏公五十年卒

五十一年作呂刑命甫侯于豐 書呂刑惟呂命王享國百年耄荒度作刑以詰四方案史記周本紀言穆王即位春秋已五十矣呂刑云王享國百年故繫之于五十一年

五十五年王陟于祇宮 御覽八十四引史記穆王在位五十五年帝王世紀同左昭十二年傳王是以獲沒于祇宮

共王

名繄扈 史記周本紀穆王崩子共王繄扈立索隱世本作伊扈

元年甲寅春正月王即位

四年王師滅密 周語共王游于涇上密康公從有三女奔之康公弗獻一年王滅密

九年春正月丁亥王使內史良錫毛伯遷命 考古圖郱敦銘惟二年正月初吉王在周卲宮丁亥王格于宣射毛伯內門立中庭右祝鄭王呼內史册命鄭鄭从鼻即遷字前人嘗有釋爲遷字者乃僞爲此條不知敦銘中毛伯與鄭實二人非一人也

十二年王陟 御覽八十四引帝王世紀共王在位二十年外紀在位十年又引皇甫謐曰在位二十五年

懿王

名堅 史記周本紀共王崩子懿王囏立索隱世本作堅

元年丙寅春正月王即位

天再旦于鄭事類賦注御覽二引紀年懿王元年天再旦于鄭

七年西戎侵鎬見下

十三年翟人侵岐漢書匈奴傳至穆王之孫懿王時王室遂衰戎狄交侵暴虐中國此與上條即據漢書爲之

十五年王自宗周遷于槐里漢書地理志右扶風槐里周曰犬丘懿王都之

十七年魯厲公擢薨史記魯周公世家魏公卒子厲公擢立厲公三十七年卒

二十一年虢公帥師伐犬戎敗逋

二十五年王陟御覽八十四引史記懿王在位二十五年外紀同

懿王之世興起無節號令不時挈壺氏不能共其職於是諸侯攜德

孝王

名辟方史記周本紀懿王崩共王弟辟方立是爲孝王

元年辛卯春正月王即位

命申侯伐西戎史記秦本紀申侯之女爲大駱妻生子成爲適申侯乃言孝王曰昔我先驪山之女爲戎胥軒妻生中潏以親故歸周保西垂西垂以其故和睦今我復與大駱妻生適子成申駱重婚西戎皆服所以爲王

五年西戎來獻馬

七年冬大雨電江漢水 原注牛馬死是年厲王生御覽八十四引史記周孝王七年厲王生冬大雨雹牛馬死江漢俱凍

八年初牧于汧渭 史記秦本紀非子居犬邱周孝王召使主馬于汧渭之間

九年王陟 御覽八十四引史記孝王在位十五年外紀同

夷王

名燮 史記周本紀孝王崩諸侯復立懿王太子燮是爲夷王

元年庚子春正月王卽位

二年蜀人呂人來獻瓊玉賓于河用介珪 書鈔三十一御覽八十四引紀年夷王二年蜀人呂人來獻瓊玉賓于河用介珪

三年王致諸侯烹齊哀公于鼎 御覽八十四引紀年三年王致諸侯烹齊哀公于鼎史記正義引作翦齊哀公昴

六年王獵于社林獲犀牛一以歸 御覽八百九十引紀年夷王獵于桂林得一犀牛

七年虢公帥師伐太原之戎至于俞泉獲馬千匹 後漢書西羌傳夷王衰弱荒服不朝乃命虢公率六師伐戎至于俞泉獲馬千匹注見竹書紀年

冬雨雹大如礪 初學記二御覽十四引紀年夷王七年冬雨雹大如礪

楚子熊渠伐庸至于鄂 史記楚世家當周夷王之時熊渠甚得江漢間民心乃興兵伐庸楊粵至于鄂

八年王有疾諸侯祈于山川 左昭二十六年傳至于夷王王愆于厥身諸侯莫不並走其望以祈王身

王陟 史記正義御覽八十四引帝王世紀十六年王崩外紀十五年

厲王

名胡原注居彘有汾水焉故又曰汾王史記周本紀夷王崩子厲王胡立

元年戊申春正月王即位作夷宮周語宣王命魯孝公于夷宮

命卿士榮夷公落周語厲王說榮夷公既榮公爲卿士

楚人來獻龜貝

三年淮夷侵洛王命虢公長父征之不克後漢書東夷傳厲王無道淮夷入寇王命虢仲征之不克呂氏春秋當染篇厲王染于虢公長父榮夷終

齊獻公山薨史記齊太公世家周夷王之時哀公之同母少弟山殺胡公而自立是爲獻公九年獻公卒子武公壽立武公九年周厲王出奔居彘

六年楚子延卒史記楚世家熊延生熊勇熊勇六年而周人作亂攻厲王厲王出奔彘

八年初監謗周語厲王得衛巫使監謗者

芮良夫戒百官于朝逸周書序芮伯稽古作訓納王于善暨執政小臣咸省厥躬作芮良夫

十一年西戎入于犬丘史記秦本紀周厲王無道諸侯或叛之西戎反王室滅犬駱犬丘之族

十二年王亡奔彘周語監謗後三年乃流王于彘

國人圍王宮執召穆公之子殺之周語彘之亂宣王在召公之宮國人圍之乃以其子代宣王

十三年王在彘共伯和攝行天子事原注號爲共和莊子讓王篇釋文引紀年共伯和即于王位史記索隱引共伯和即干王位

十四年玁狁侵宗周西鄙

召穆公帥師追荊蠻至于洛

十六年蔡武侯薨史記管蔡世家武侯之時周厲王失國十二諸侯年表蔡武侯盡共和四年

楚子勇卒史記楚世家熊勇六年厲王出奔彘十年卒十二諸侯年表楚熊勇盡共和四年

十九年曹夷伯薨史記曹叔世家夷伯喜二十三年厲王奔彘三十年卒十二諸侯年表曹夷伯盡共和七年

二十二年大旱

陳幽公薨史記陳杞世家幽公十二年周厲王奔于彘二十三年幽公卒十二諸侯年表陳幽公盡共和十年

二十三年大旱

宋僖公薨史記宋微子世家釐公十七年周厲王出奔彘二十八年釐公卒十二諸侯年表宋釐公盡共和十一年

二十四年大旱

杞武公薨史記陳杞世家謀娶公當周厲王時謀娶公生武公武公立四十七年卒

二十五年大旱

楚子嚴卒史記楚世家熊勇卒弟熊嚴爲後熊嚴十年卒十二諸侯年表同楚熊嚴盡共和十四年此較前一年

二十六年大旱王陟于彘御覽八百七十九引史記共和十四年大旱火焚其屋伯和篡位立其年周厲王流彘而死立宣王

周定公召穆公立太子靖爲王史記周本紀召公周公二相行政號曰共和共和十四年厲王死于彘太子靜長于召公之家二相乃共立之爲王

共伯和歸其國遂大雨莊子讓王篇共伯得乎邱首呂氏春秋愼人篇共伯得乎共首

大旱既久廬舍俱焚會汾王崩卜于大陽兆曰厲王爲祟周公召公乃立太子靖共和遂歸國和有至德尊之不喜廢之

不怒逍遙得志于共山之首

宣王

名靖史記周本紀作靜正義引魯連子作靖

元年甲戌春正月王即位周定公召穆公輔政史記十二諸侯年表宣王元年甲戌又周本紀宣王即位二相輔之

復田賦

作戎車詩小雅六月棲棲戎車既飭又元戎十乘以先啓行傳周曰元戎先良也

燕惠侯薨史記燕召公世家共和之時惠侯卒子釐侯立是歲周宣王初即位十二諸侯年表燕惠侯盡宣王元年

二年錫太師皇父司馬休父命詩大雅赫赫明明王命卿士南仲太祖太師皇父又王謂尹氏命程伯休父左右陳行戒我師旅

魯愼公薨史記魯周公世家眞公二十九年宣王即位三十年眞公卒十二諸侯年表魯眞公盡宣王二年眞公漢書律歷志作愼公

曹公子蘇弒其君幽伯彊史記曹叔世家幽伯彊九年弟蘇殺幽伯代立是爲戴伯戴伯元年周宣王已立三歲十二諸侯年表曹幽伯盡宣王二年

三年王命大夫仲伐西戎史記秦本紀周宣王即位乃以秦仲爲大夫誅西戎後漢書西羌傳及宣王立四年使秦仲伐戎

齊武公壽薨史記齊太公世家武公壽二十四年宣王立二十六年武公卒十二諸侯年表齊武公盡宣王三年

四年王命蹶父如韓韓侯來朝詩大雅蹶父孔武靡國不到爲韓姞相攸莫如韓樂又韓侯入覲

五年夏六月尹吉甫帥師伐玁狁至于太原詩小雅六月棲棲戎車既飭又文武吉甫萬邦爲憲又薄伐玁狁至于太原

秋八月方叔帥師伐荊蠻詩小雅蠢爾蠻荊大邦爲讎方叔元老克壯其猶

六年召穆公帥師伐淮夷詩序江漢尹吉甫美宣王也能興衰撥亂命召公平淮夷

王帥師伐徐戎皇父休父從王伐徐戎次于淮詩大雅王奮厥武又王命卿士南仲太祖太師皇父整我六師以修我戎又王謂尹氏命程伯休父左右陳行戒我師旅率彼淮浦省此徐土

王歸自伐徐詩大雅徐方不回王曰還歸

錫召穆公命詩大雅王命召虎來旬來宣又肇敏戎公用錫爾祉釐爾圭瓚秬鬯一卣告于文人錫山土田

西戎殺秦仲史記秦本紀宣王乃以秦仲爲大夫誅西戎西戎殺秦仲十二諸侯年表秦仲盡宣王六年

楚子霜卒史記楚世家熊霜元年周宣王初立熊霜六年卒十二諸侯年表楚熊霜盡宣王六年

七年王錫申伯命詩序崧高尹吉甫美宣王也天下復平能建國親諸侯襃賞申伯焉

王命樊侯仲山甫城齊詩大雅王命仲山甫城彼東方又仲山甫徂齊

八年初考室詩序斯干宣王考室也

魯武公來朝錫魯世子戲命周語魯武公以括與戲見王王立戲史記周本紀魯武公來朝在十二年魯世家在武公九年即宣王十一年

九年王會諸侯于東都遂狩于甫詩序車攻宣王復古也宣王能內修政事外攘夷狄復會諸侯于東都又詩曰東有甫草駕言行狩

十二年魯武公薨史記魯周公世家武公九年夏卒十二諸侯年表武公盡十年正當宣王十二年

齊人弒其君厲公無忌立公子赤史記齊太公世家武公卒子厲公無忌立厲公暴虐齊人攻殺厲公乃立厲公子赤爲是爲文公十二諸侯年表厲公盡宣王十二年

十五年衛釐侯薨史記衛康叔世家釐侯二十八年周宣王立四十二年釐侯卒十二諸侯年表衛釐侯盡宣王十五年

王錫虢文公命周語宣王卽位不藉千畝虢文公諫云云

十六年晉遷于絳詩譜晉成侯孫穆侯又徙于絳案十二諸侯年表是歲晉穆侯初立通鑑外紀宣王十六年晉獻侯薨子穆侯弗生立自曲沃徙都絳

十八年蔡夷侯薨史記管蔡世家夷侯十一年周宣王卽位二十八年夷侯卒十二諸侯年表蔡夷侯盡宣王十八年

二十一年魯公子伯御弑其君懿公戲史記魯周公世家懿公九年懿公兄括之子伯御與魯人攻殺懿公而自立十二諸侯年表魯懿公盡宣王二十一年

二十二年王錫王子多父命居洛史記鄭世家宣王立二十二年初封友于鄭

二十四年齊文公赤薨史記齊太公世家文公十二年卒十二諸侯年表齊文公盡宣王二十四年

二十五年大旱王禱于郊廟遂雨詩大雅旱既太甚蘊隆蟲蟲不殄禋祀自郊徂宮

二十七年宋惠公覸薨史記宋微子世家惠公四年周宣王卽位三十年惠公卒十二諸侯年表宣王二十八年宋惠公薨

二十八年楚子狥卒史記楚世家熊徇十六年鄭桓公初封于鄭二十二年卒十二諸侯年表楚熊狥盡宣王二十八年

二十九年初不藉千畝周語宣王卽位不藉千畝

三十年有兎舞于鎬京御覽九百七引紀年宣王三十年有兎舞鎬初學記二十九引作三年

三十二年王師伐魯殺伯御周語三十二年春宣王伐魯立孝公

命孝公稱于夷宮周語宣王欲得國子之能導訓諸侯者樊穆仲曰魯侯孝乃命魯孝公于夷宮

陳僖公孝薨史記陳杞世家釐公孝六年周宣王卽位三十六年釐公卒十二諸侯年表陳釐侯盡宣王三十二年

有馬化爲人通鑑外紀宣王三十年有馬化爲人

三十三年齊成公薨史記齊太公世家成公脫立九年卒十二諸侯年表齊成公盡宣王三十三年

王師伐太原之戎不克後漢書西羌傳宣王立四年使秦仲伐戎後二十七年王遣兵伐太原戎不克

三十七年有馬化爲狐開元占經一百十八引紀年周宣王三十三年有馬化爲狐外紀亦繫之三十三年

燕僖侯薨史記燕召公世家惠侯卒子釐侯立是歲周宣王初卽位三十六年釐侯卒十二諸侯年表燕釐侯盡宣王三十七年

楚子鄂卒史記楚世家熊狗卒子熊鄂立熊鄂九年卒十二諸侯年表楚熊鄂盡宣王三十七年

三十八年王師及晉穆侯伐條戎奔戎王師敗逋後漢書西羌傳王遣兵伐太原戎後五年王伐條戎奔戎王師敗績左桓二年傳晉穆侯之夫人姜氏以條之役生太子

三十九年王師伐姜戎戰于千畝王師敗逋周語宣王三十九年戰于千畝王師敗績于姜氏之戎

四十年料民于太原周語宣王旣喪南國之師乃料民于太原

戎人滅姜邑後漢書西羌傳後二年晉人敗北戎于汾隰戎人滅姜侯之邑

晉人敗北戎于汾隰見上

四十一年王師敗于申後漢書西羌傳明年王征申戎克之

四十三年王殺大夫杜伯墨子明鬼下周宣王殺其臣杜伯而不辜

其子隰叔出奔晉晉語昔隰叔子違周難奔于晉注隰叔杜伯之子宣王殺杜伯隰叔避害適晉

晉穆侯費生薨弟殤叔自立世子仇出奔史記十二諸侯年表宣王四十三年晉穆侯卒弟殤叔自立太子仇出奔

四十四年（原注晉殤叔元年丁巳　春秋經傳集解後序紀年無諸國別惟特記晉國起自殤叔史記十二諸侯年表宣王四十四年晉殤叔元年）

四十六年王陟（史記周本紀四十六年宣王崩）

幽王

名涅（史記周本紀宣王崩子幽王宮涅立）

元年庚申春正月王即位

晉世子仇歸于晉殺殤叔晉人立仇是爲文侯（史記晉世家殤叔三年周宣王崩四年穆侯太子仇率其徒襲殤叔而立是爲文侯）

王錫太師尹氏皇父命（詩序節南山家父刺幽王也其詩曰尹氏太師十月之交大夫刺幽王也其詩曰皇父卿士）

二年（原注辛酉晉文侯元年　史記十二諸侯年表幽王二年晉文侯仇元年）

涇渭洛竭岐山崩（周語幽王二年西周三川皆震是歲三川竭岐山崩注三川涇渭洛）

初增賦

晉文侯同王子多父伐鄶克之乃居鄭父之邱是爲鄭桓公（水經洧水注引紀年晉文侯二年同惠王子多父伐鄶克之乃居鄭父之邱名之曰鄭是爲桓公說見古本紀年輯校）

三年王嬖褒姒（史記周本紀三年幽王嬖愛褒姒）

冬大震電（詩小雅曄曄震電）

四年秦人伐西戎（史記秦本紀莊公生子三人其長男世父世父曰戎殺我大父仲非殺戎王則不敢入邑遂將擊戎讓其弟襄公案年表襄公立在次年）

夏六月隕霜詩小雅正月繁霜傳正月夏之四月則周六月也古紀年用夏正而此從周正殊爲未照

陳夷公薨史記陳杞世家武公卒公子夷說立是歲周幽王卽位夷公三年卒十二諸侯年表陳夷公盡幽王三年

五年王世子宜臼出奔申史記周本紀幽王得褒姒愛之欲廢申后幷去太子宜臼太子出奔申

皇父作都于向詩小雅皇父孔聖作都于向

六年王命伯士率師伐六濟之戎王師敗逋後漢書西羌傳王破申戎後十年幽王命伯士伐六濟之戎軍敗伯士死

爲注並見竹書紀年

西戎滅蓋後漢書西羌傳其年戎圍犬邱虜秦襄公之兄伯父此云滅蓋乃犬邱二字譌合爲蓋字耳

冬十月辛卯朔日有食之詩小雅十月之交朔日辛卯日有食之亦孔之醜序十月之交大夫刺幽王也唐書歷志張說日蝕議小雅十月之交朔日辛卯虞劇以歷推之在

幽王六年

七年虢人滅焦水經河水注陝東城卽虢邑之上陽也虢仲之所都爲南虢其大城中有小城故焦國也

八年王錫司徒鄭伯多父命鄭語幽王八年而桓公爲司徒

王立褒姒之子曰伯服以爲太子御覽一百四十七引紀年幽王八年立褒姒之子伯服以爲太子左傳昭二十六年疏引平王奔西申而立伯盤以

爲太子

九年申侯聘西戎及鄫鄭語申繒西戎方彊

十年春王及諸侯盟于太室書鈔二十二引紀年盟于太室四字左昭四年傳周幽爲太室之盟戎狄叛之

秋九月桃杏實御覽九百六十八引紀年幽王十年九月桃杏實

王師伐申鄭語王欲殺太子以成伯服必求之申申人弗畀必伐之

十一年春正月日暈通鑑外紀幽王之末日暈再重

申人鄫人及犬戎入宗周弒王及鄭桓公史記周本紀申侯與繒西夷犬戎攻幽王遂殺幽王驪山下鄭世家犬戎殺幽王于驪山下幷殺桓公

犬戎殺王子伯服左傳昭二十六年疏引紀年伯盤與幽王俱死于戲

執褒姒以歸史記周本紀虜褒姒而去

申侯魯侯許男鄭子立宜臼于申虢公翰立王子余臣于攜原注是爲攜王二王並立左傳昭二十六年疏引紀年先是申侯魯侯許文公立平王於申以本太子故稱天王幽王既死而虢公翰又立王子余臣于攜周二王並立二十一年攜王爲晉文公所殺以本非適故稱攜王

武王滅殷歲在庚寅二十四年歲在甲寅定鼎洛邑至幽王二百五十七年共二百八十一年自武王元年己卯至幽王庚午二百九十二年史記周本紀集解引紀年自武王滅殷以至幽王凡二百五十七年通鑑外紀引汲冢紀年西周二百五十七年此二百八十一年與古紀年不合乃自幽王十一年遡數至其前二百五十七年以此爲成王定鼎之歲以與古紀年之積年相調停蓋既從唐志所引紀年以武王伐殷之歲爲庚寅而共和以後之歲名又從史記無怪其格格不入也余疑隋志所引堯元年丙子唐志所引武王十一年庚寅皆歷家追名之非紀年本文蓋雖古紀年中亦多羼入之說也

平王原注名宜臼史記作宜咎

自東遷以後始紀晉事王即位皆不書春秋經傳集解後序紀年無諸國別惟特記晉國晉國滅獨紀魏事

元年辛未王東徙洛邑史記周本紀平王立東遷于雒邑

十三

錫文侯命（尚書序平王錫晉文侯秬鬯圭瓚作文侯之命）

晉侯會衞侯鄭伯秦伯以師從王入于成周（史記衞康叔世家犬戎殺周幽王武公將兵往佐周平戎甚有功又秦本紀襄公以兵送周平王）

二年秦作西畤（史記十二諸侯年表平王元年秦初立西畤祠白帝）

魯孝公薨（史記魯周公世家孝公立二十七年卒十二諸侯年表魯孝公盡平王二年）

賜秦晉以邠岐之田（史記秦本紀襄公以兵送周平王平王命襄公爲諸侯賜之岐以西地曰戎無道侵奪我岐豐之地秦能攻逐戎即有其地與誓封爵之）

三年齊人滅祝

王錫司徒鄭伯命（詩鄭風序緇衣美武公也父子並爲周司徒）

四年燕頃侯卒（史記燕召公世家頃侯二十年周幽王爲犬戎所殺二十四年頃侯卒十二諸侯年表燕頃侯盡平王四年）

鄭人滅虢（漢書地理志注臣瓚曰鄭桓公寄奴與賄于虢會之間幽王既敗二年而滅會四年而滅虢）

五年秦襄公帥師伐戎卒于師（史記十二諸侯年表平王五年秦襄公伐戎至岐而死）

宋戴公薨（史記宋微子世家戴公二十九年周幽王爲犬戎所殺三十四年戴公卒十二諸侯年表宋戴公盡平王五年）

六年燕哀侯卒（史記燕召公世家哀侯二年卒十二諸侯年表燕哀侯盡平王六年）

鄭遷于溱洧（詩譜幽王爲犬戎所殺桓公死之其子武公與晉文侯定平王于東都王城卒取史伯所云十邑之地左洛右濟前華後河食溱洧焉）

七年楚子儀卒（史記楚世家熊咢卒子熊儀立是爲若敖若敖二十年周幽王爲犬戎所殺二十七年若敖卒十二諸侯年表楚若敖盡平王七年）

八年鄭殺其大夫關其思（韓非子說難鄭武公欲伐胡先以其女妻胡君因問于羣臣吾欲用兵誰可伐者大夫關其思曰胡可伐武公怒而戮之）

十年秦遷于汧渭史記秦本紀文公三年以兵七百人東獵四年至渭汧之會即營邑之

十三年衛武公薨史記衛康叔世家武公四十五年卒十二諸侯年表衛武公盡平王十三年

十四年晉人滅韓詩大雅韓奕序箋韓姬姓之國也後爲晉所滅

十八年秦文公大敗戎師于岐來歸岐東之田史記秦本紀十六年文公以兵伐戎戎敗走於是文公遂收周餘民有之地至岐岐以東獻之周案文公十六年當平王二十一年

二十一年晉文侯殺王子余臣于攜左傳昭二十六年疏引紀年二十一年攜王爲晉文公所殺

二十三年宋武公薨史記宋微子世家武公立十八年卒十二諸侯年表宋武公盡平王二十三年

二十四年秦作陳寶祠史記秦本紀文公十九年得陳寶封禪書文公獲若石云于陳倉北坂城祠之號曰陳寶

二十五年晉文侯薨史記晉世家三十五年文侯仇卒十二諸侯年表晉文侯盡平王二十五年

秦初用族刑史記秦本紀文公二十年法初有三族之罪

二十六年原注丙申晉昭公元年　史記十二諸侯年表平王二十六年晉昭侯元年

晉封其弟成師于曲沃左桓二年傳惠之二十四年晉始亂故封桓叔于曲沃史記晉世家昭侯元年封文侯弟成師于曲沃

三十二年晉潘父弒其君昭侯納成師不克立昭侯之子孝侯

晉人殺潘父左桓二年傳惠之三十年潘父弒昭侯而納桓叔不克晉人立孝侯史記晉世家七年晉大臣潘父弒其君昭侯而迎曲沃桓叔晉人發兵攻桓叔共立昭侯子平爲君是爲孝侯誅潘父

三十三年原注癸卯晉孝侯元年　史記十二諸侯年表平王三十三年晉孝侯二年案昭侯上年被殺是年當爲孝侯元年

楚人侵申詩王風揚之水序箋中國在陳鄭之南迫近强楚王室微弱而數見侵伐

三十六年衛莊公卒（史記衛康叔世家莊公二十三年卒十二諸侯年表衛莊公盡平王三十六年）

王人戍申（詩王風彼其之子不與我戍申）

四十年齊莊公卒（史記齊太公世家莊公二十四年周始徙雒六十四年莊公卒十二諸侯年表齊莊公盡平王四十年）

晉曲沃桓叔成師卒子鱓立是爲莊伯（原注自是晉侯在翼稱翼侯 史記晉世家孝侯八年曲沃桓叔卒子鱓代桓叔是爲曲沃莊伯）

四十一年（原注辛亥莊伯元年）春大雨雪（御覽八百七十九引史記晉莊伯元年不雨雪）

四十二年狄人伐翼至于晉郊（御覽八百七十九引史記莊伯二年翟人俄伐翼至于晉郊）

宋宣公薨（史記宋微子世家武公卒子宣公力立十九年宣公卒十二諸侯年表平王四十二年宣公卒）

魯惠公使宰讓請郊廟之禮王使史角如魯諭止之（呂氏春秋當染篇魯惠公使宰讓請郊廟之禮於天子桓王使史角往惠公止之）

四十七年晉曲沃莊伯入翼弒孝侯晉人逐之立孝侯子郤是爲鄂侯（左桓二年傳惠之四十五年曲沃莊伯伐翼殺孝侯晉人立其弟鄂侯史記十二諸侯年表平王四十七年曲沃莊伯殺孝侯晉人立孝侯子郤爲鄂侯）

四十八年（原注戊午晉鄂侯郤元年 史記十二諸侯年表平王四十八年晉鄂侯郤元年）

無雲而雷（御覽八百七十六引史記晉莊伯八年無雲而雷通鑑外紀平王四十八年晉無雲而雷）

魯惠公卒（史記魯周公世家惠公立四十六年卒十二諸侯年表魯惠公盡平王四十八年）

四十九年（原注己未魯隱公元年春秋始此 史記十二諸侯年表平王四十九年魯隱公息姑元年）

魯隱公及邾莊公盟于姑蔑春秋經傳集解後序引紀年魯隱公及邾莊公盟于姑蔑

五十一年春二月乙巳日有食之春秋經隱三年春王二月乙巳日有食之

三月庚戌王陟春秋經隱三年三月庚戌天王崩

桓王原注名林　史記周本紀平王崩太子洩父蚤死立其子林是爲桓王

元年壬戌十月莊伯以曲沃叛伐翼公子萬救翼荀叔軫追之至于家谷御覽八百七十六引史記晉莊公八年無雲而雷十月莊伯以曲沃叛水經澮水注引紀年莊伯以曲沃叛伐翼公子萬救翼荀叔軫追之至于家谷據御覽此事當在平王四十九年

翼侯焚曲沃之禾而還水經澮水注引紀年晉莊伯十二年翼侯焚曲沃之禾而還作爲文公

翼侯伐曲沃大捷武公請成于翼至相而還原注相一作桐　水經涑水注引紀年翼侯伐曲沃大捷武公請成于翼至桐庭乃返

二年王使虢公伐晉之曲沃晉鄂侯卒曲沃莊伯復攻晉晉立鄂侯子光是爲哀侯左隱五年傳曲沃叛王秋王命虢公伐曲沃而立哀侯于翼史記晉世家鄂侯六年卒曲沃莊伯聞晉鄂侯卒乃興兵伐晉周平王使虢公將兵伐曲沃莊伯莊伯奔曲沃晉人共立鄂侯子光是爲哀侯

公子萬救翼荀叔軫追之至于家谷重出

三年甲子原注晉哀侯光元年　史記十二諸侯年表甲子桓王三年晉哀侯光元年

四年曲沃莊伯卒子稱立是爲武公尚一軍史記晉世家哀侯二年曲沃莊伯卒子稱代莊伯立是爲曲沃武公水經河水注引紀年晉武公元年尚一軍

五年（原注曲沃武公元年）芮人乘京荀人董伯叛曲沃（水經河水注引紀年晉武公元年芮人乘京荀人董伯皆叛案左桓九年傳虢仲芮伯梁伯荀侯賈伯伐曲沃殆是一事與此差十二年）

十一年（原注晉小子侯元年　史記十二諸侯年表桓王十一年晉小子侯元年）

曲沃獲晉哀侯（左桓三年傳曲沃武公伐翼逐翼侯于汾隰驂絓而止夜獲之）

晉人立哀侯子爲小子侯（史記晉世家哀侯九年曲沃武公伐晉于汾旁虜哀侯晉人乃立哀侯子小子爲君是爲小子侯）

芮伯萬出奔魏（水經河水注引紀年晉武公七年芮伯萬之母芮姜逐萬萬出奔魏）

十二年王師秦師圍魏取芮伯萬而東之（左桓四年傳王師秦師圍魏執芮伯以歸　水經河水注引紀年晉武公八年周師虢師圍魏取芮伯萬而東之路史國名紀引紀年桓王十二年冬王師秦師圍魏取芮伯萬而東之）

十三年冬曲沃伯誘晉小子侯殺之（左桓七年傳冬曲沃伯誘晉小子侯殺之此較前二年史記十二諸侯年表晉世家皆云小子侯四年曲沃武公殺之此較前一年）

晉曲沃滅荀以其地賜大夫原氏黯是爲荀叔（水經汾水注漢書地理志注引紀年晉武公滅荀以賜大夫原氏黯是爲荀叔）

戎人逆芮伯萬于郊（水經河水注引紀年晉武公九年戎人逆芮伯萬于郊路史國名紀引郊作郟）

十四年王命虢仲伐曲沃立晉哀侯弟緡于翼爲晉侯（左桓八年傳冬王命虢仲立晉哀侯弟緡于晉此較前二年）

十五年（原注晉侯緡元年　案史記十二諸侯年表以桓王十四年爲侯緡元年）

十六年春滅翼左桓八年傳春滅翼

十九年鄭莊公卒春秋經桓十有一年夏五月癸未鄭伯寤生卒秋七月葬鄭莊公史記十二諸侯年表鄭莊公薨桓王十九年

二十三年三月乙未王陟春秋經桓十有五年三月乙未天王崩史記周本紀二十三年桓王崩

莊王原注名佗　史記周本紀桓王崩子莊王佗立

元年乙酉曲沃尚一軍異于晉水經河水注引紀年晉武公元年尚一軍

六年五月葬桓王春秋經桓三年五月葬桓王

十五年王陟史記周本紀十五年莊王崩

釐王原注名胡齊　史記周本紀莊王崩子釐王胡齊立

元年庚子春齊桓公會諸侯于北杏以平宋亂春秋經莊十有三年齊侯宋人陳人蔡人邾人會于北杏傳會于北杏以平宋亂

三年曲沃武公滅晉侯緡以寶獻王王命武公以一軍爲晉侯

史記十二諸侯年表釐王三年曲沃武公滅晉侯緡以寶獻周周命武公爲晉君左莊十六年傳王使虢公命曲沃伯以一軍爲晉侯較後一年此本史記

四年原注晉武公二十八年　史記十二諸侯年表釐王四年晉武公稱并晉已立二十八年不更元

晉猶不與齊桓公之盟原注左傳注晉侯緡是年滅案杜注無是語疏約言之

五年晉武公卒子詭諸立爲獻公史記十二諸侯年表釐王五年晉武公二十九年武公卒子詭諸立爲獻公

王陟史記周本紀五年釐王崩

惠王原注名閬　史記周本紀釐王崩子惠王閬立

元年乙巳原注晉獻公元年　史記十二諸侯年表惠王元年晉獻公詭諸元年

晉獻公朝王如成周左莊十八年傳虢公晉侯朝王

周陽白兎舞于市水經涑水注引紀年晉獻公二十五年翟人伐晉周有白兎舞于市

二年王子頹亂左莊十九年傳五大夫奉子頹以伐王冬立子頹

王居于鄭鄭人入王府多取玉玉化爲蜮射人開元占經一百二十御覽九百五十引紀年晉獻公二年周惠王居于鄭鄭人入王府多取玉玉化爲蜮射人

九年晉城絳左莊二十六年傳晉士蔿爲大司空夏士蔿城絳以深其宮

十六年晉獻公作二軍滅耿以賜大夫趙夙滅魏以賜大夫畢萬原注晉滅于大夫韓趙魏始于此　左閔元年傳晉侯作二軍以滅耿滅霍滅魏賜趙夙耿賜畢萬魏以爲大夫

十七年衛懿公及赤翟戰于洞澤原注洞當作泂　春秋經傳集解後序紀年又稱衛懿公及赤翟戰于洞澤疑洞當爲泂卽左傳所謂熒澤也

十九年晉獻公會虞師伐虢滅下陽虢公醜奔衛公命瑕父呂甥邑于國都水經河水注引紀年晉獻公十九年獻公會虞師伐虢滅下陽虢公醜奔衛公命瑕公呂甥邑于虢都

二十五年春正月狄人伐晉水經涑水注引紀年晉獻公二十五年正月翟人伐晉此誤以爲惠王二十五年

王陟春秋經傳八年冬十有二月丁未天王崩史記周本紀二十五年惠王崩

襄王原注名鄭　史記周本紀惠王崩子襄王鄭立

元年庚午晉獻公卒立奚齊里克殺之及卓子立夷吾史記十二侯諸年表襄王元年晉獻公卒立奚齊里克殺之及卓子立夷吾

二年辛未晉惠公元年 史記十二諸侯年表襄王二年晉惠公夷吾元年

晉殺里克春秋經僖十年晉殺其大夫里克

三年雨金于晉御覽八百七十七引史記晉惠公二年雨金

七年秦伯涉河伐晉御覽八百七十七引史記惠公六年秦伯涉河伐晉

十五年晉惠公卒子懷公圉立史記晉世家惠公十四年九月卒太子圉立是爲懷公十二諸侯年表襄王十五年圉立爲懷公

秦穆公帥師送公子重耳圍令狐桑泉臼衰皆降爲秦師狐毛與先軫禦秦至于廬柳乃謂秦穆公使公子縶來與師言次于郇盟于軍水經涑水注引紀年晉惠公十有五年秦穆公帥師送公子重耳圍令狐桑泉臼衰皆降于秦師狐毛與先軫禦秦師至廬于柳乃謂秦穆公使公子縶來與師言退舍次于郇盟于軍

公子重耳涉自河曲水經河水注引紀年晉惠公十五年秦穆公帥師送公子重耳涉自河曲

十六年乙酉晉文公元年 史記十二諸侯年表襄王十六年晉文公元年

晉殺子圉史記十二諸侯年表晉文公元年誅子圉

十七年晉城荀漢書地理志注引紀年文公城荀文選北征賦注引作郇

二十年周襄王會諸侯于河陽春秋經傳集解後序引紀年周襄王會諸侯于河陽

二十二年齊師逐鄭太子齒奔張城南鄭水經涑水注引紀年齊師逐鄭太子齒奔張城南鄭不云何年

二十四年晉文公卒史記十二諸侯年表襄王二十四年晉文公薨

二十五年原注甲午晉襄公驩元年史記十二諸侯年表甲午襄王二十五年晉襄公驩元年

三十年洛絕于泂水經洛水注引紀年晉襄公六年洛絕于泂

三十一年晉襄公卒史記十二諸侯年表襄王三十一年晉襄公卒

三十二年原注辛丑晉靈公夷皋元年史記十二諸侯年表襄王三十二年晉靈公夷皋元年

三十三年王陟史記周本紀三十三年襄王崩

頃王史記周本紀襄王崩子頃王壬臣立

元年癸卯

六年彗星入北斗春秋經文十四年秋七月有星孛入于北斗

王陟史記周本紀頃王六年崩

匡王史記周本紀頃王崩子匡王班立

元年己酉

六年王陟左宣二年傳冬十月乙亥天王崩史記周本紀匡王六年崩

晉靈公爲趙穿所殺趙盾使穿迎公子黑臀于周立之左宣二年傳趙穿攻靈公于桃園宣子使趙穿迎公子黑臀于周而立之

定王史記周本紀匡王崩弟瑜立是爲定王

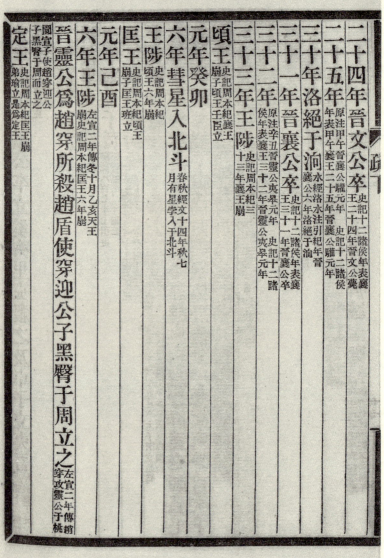

元年己卯原注晉成公元年　史記十二諸侯年表定王元年晉成公黑臀元年

六年晉成公與狄伐秦獲秦諜殺之絳市六日而蘇左宣八年傳春白狄及晉平夏會晉伐秦晉人獲秦諜殺諸絳市六日而蘇

七年晉成公卒于扈春秋經宣九年晉侯黑臀卒于扈史記十二諸侯年表定王七年晉成公薨

八年原注壬戌晉景公元年　史記十二諸侯年表定王八年晉景公據元年

十八年齊國佐來獻玉磬紀公之甗春秋經傳集解後序引紀年齊國佐來獻玉磬紀公之甗

二十一年王陟春秋經成八年十一月乙酉天王崩史記周本紀二十一年定王崩

簡王史記周本紀定王崩子簡王夷立

元年丙子

五年晉景公卒春狄經成十年晉侯獳卒史記晉世家十九年景公卒史記十二諸侯年表晉景公薨簡王五年

六年原注辛巳晉厲公元年　史記十二諸侯年表簡王六年晉厲公壽曼元年

十三年晉厲公卒春秋經成十八年晉弑其君州蒲十二諸侯年表簡王十三年欒書中行偃弑厲公

楚共王會宋平公于湖陽水經泚水注引紀年楚共王會宋平公于湖陽不云何年

十四年原注己丑晉悼公元年　史記十二諸侯年表簡王十四年晉悼公元年

王陟春秋經襄元年九月辛酉天王崩史記周本紀十四年簡王崩

靈王史記周本紀簡王崩子靈王泄心立

元年庚寅

十四年晉悼公卒史記十二諸侯年表靈王十四年晉悼公薨

十五年原注甲辰晉平公元年　史記十二諸侯年表甲辰靈王十五年晉平公彪元年

二十七年王陟春秋經襄二十有八年十有二月甲寅天王崩史記周本紀二十七年靈王崩

景王史記周本紀靈王崩子景王貴立

元年丁巳

十三年春有星出婺女左昭十年傳春王正月有星出于婺女

十月晉平公卒春秋經昭十年秋七月戊子晉侯彪卒史記十二諸侯年表景王十三年春有星出婺女十月晉平公卒

十四年原注庚午晉昭公元年　史記十二諸侯年表景王十四年晉昭公夷元年

河水赤于龍門三里水經河水注引紀年晉昭公元年河水赤于龍門三里

十九年晉昭公卒史記十二諸侯年表景王十九年晉昭公卒

冬十二月桃杏華御覽九百六十八引紀年昭公六年十二月桃杏華

二十年原注晉頃公元年　史記十二諸侯年表景王二十年晉頃公弃疾元年

二十五年晉頃公平王室亂立敬王史記十二諸侯年表景王二十五年周室亂頃公平亂立敬王

敬王史記周本紀晉人立丐是爲敬王

元年壬午

八年晉頃公卒史記十二諸侯年表敬王八年晉頃公薨

九年原注庚寅晉定公元年　史記十二諸侯年表敬公九年晉定公午元年

十四年漢不見于天御覽八百七十五引紀年晉定公六年漢不見于天

二十六年晉青虹見御覽十四引紀年晉定公十八年青虹見

二十八年洛絕于周水經洛水注引紀年晉定公二十年洛絕于周

三十六年淇絕于舊衛水經淇水注引紀年晉定公二十八年淇絕于舊衛一作十八年

三十九年晉城頓邱水經淇水注引紀年晉定公三十一年城頓邱

四十三年宋殺其大夫皇瑗于丹水之上丹水壅不流水經獲水注引紀年曰宋殺其大夫皇瑗于丹水之上又曰宋大水丹水壅不流本是二事此誤合爲一又本不系年此據左哀十七年傳定之

四十四年王陟史記周本紀四十二年敬王崩十二諸侯年表敬王四十三年甲子崩惟周本紀集解引皇甫謐曰敬王四十四年元已卯崩壬戌此元壬午崩乙丑蓋在位之年從皇甫謐而歲名則從史記也

元王史記周本紀敬王崩子元王仁立

元年丙寅晉定公卒史記六國表元王二年晉定公卒時歲在丙寅此以元王元年爲丙寅故以下皆遞差一年

二年原注晉出公元年　史記六國表元王三年晉出公錯元年

四年於越滅吳史記六國表元王四年越滅吳

六年晉澮絕于梁水經澮水注引紀年晉出公五年澮絕于梁

丹水絕三日不流水經沁水注引紀年晉出公五年丹水絕三日不流

七年齊人鄭人伐衛水經濟水注引紀年晉出公六年齊鄭伐衛

王陟史記周本紀元王八年崩六國表同此於敬王增一年故元王減一年

貞定王史記周本紀元王崩子定王介立集解引皇甫謐帝王世紀作貞定王

元年癸酉於越徙都琅琊吳越春秋六句踐二十五年霸於關東從琅琊起觀臺周七里以望東海

四年十一月於越子句踐卒是爲菼執次鹿郢立史記越王句踐世家索隱引紀年晉出公十年十一月於粵子句踐卒是爲菼執又引次鹿郢立六年卒

六年晉河絕于扈水經河水注引紀年晉出公十二年河絕于扈

七年晉荀瑤城南梁原注一本晉出公二十年　水經汾水注晉出公三十年知伯瑤城高梁案出公無三十年據此書者所見之本當作十三年

十年於越子鹿郢卒不壽立史記越王句踐世家索隱引紀年句踐卒次鹿郢立六年卒又云不壽立

十一年晉出公出奔齊史記晉世家出公十七年奔齊道死

十二年河水赤三日通鑑外紀定王十二年晉河水赤三日

荀瑤伐中山取窮魚之邱水經巨馬水注初學記八御覽六十四引紀年荀瑤伐中山取窮魚之邱皆不云何年

十三年晉韓龐取秦武城水經洛水注引紀年晉出公十九年韓龐取盧氏城

十六年原注晉出公二十二年

十七年晉出公薨乃立昭公之孫是爲敬公史記晉世家索隱引紀年出公二十三年奔楚乃立昭公之孫是爲敬公

十八年原注己丑晉敬公元年

二十年於越子不壽見殺是爲盲姑次朱句立史記越王句踐世家索隱引紀年不壽立十年見殺是爲盲姑次朱句立

二十二年楚滅蔡史記六國表定王二十二年楚滅蔡

二十四年楚滅杞史記六國表定王二十四年楚滅杞

二十八年原注晉敬公十一年

王陟史記周本紀二十八年元王崩

考王史記周本紀定王崩哀王立三月思王立五月少弟嵬立是爲考王

元年原注晉敬公十八年案十八年當作十二年

魏文侯立史記晉世家索隱紀年魏文侯初立在敬公八年案十八年乃十六年之譌說見古本紀年輯校

十年楚滅莒史記六國表考王十年楚滅莒

十一年晉敬公卒案據此敬公在位二十二年史記十二諸侯年表晉出公錯十八年晉哀公忌二年晉懿公驕十七年（此據史記正義說今本幷奪懿公）晉世家出公十七年哀公驕十八年以懿公爲哀公皆無敬公

十二年原注晉幽公柳元年史記六國表考王四年晉幽公柳元年

魯悼公卒史記六國表考王十二年魯悼公卒

十四年魯季孫會晉幽公于楚邱水經濟水注引紀年晉幽公三年魯季孫會晉幽公于楚邱取葭密遂城之太平寰宇記引作幽公十三年

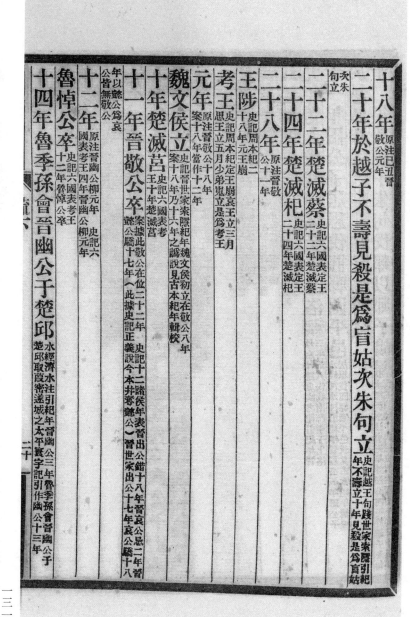

十五年王陟史記周本紀考王十五年崩

威烈王史記周本紀考王崩子威烈王午立

元年丙辰史記十二諸侯年表威烈王元年集解徐廣曰丙辰

三年晉大旱地生鹽書鈔一百四十六引紀年晉幽公七年天旱地長生鹽

五年晉丹水出反擊水經沁水注引紀年晉幽公九年丹水出相反擊

六年晉大夫秦嬴賊幽公于高寢之上魏文侯立幽公子止史記六國表威烈王六年盜殺幽公晉世家索隱引紀年夫人秦嬴賊公于高寢之上晉世家十八年盜殺幽公魏文侯以兵誅晉亂立幽公子止是爲烈公 案史記幽公在位十八年此僅十年蓋縮幽公之年以爲敬公之年如丹水出相反擊水經注引古紀年以爲幽公九年事而通鑑外紀系之考王十年據此則劉恕所見紀年敬公僅得十二年此以敬公爲在位二十二年乃不得不減幽公以補之矣

七年原注壬戌晉烈公元年 史記六國表威烈王七年晉烈公元年

趙獻子城泫氏水經沁水注引紀年晉烈公元年趙獻子城泫氏

韓武子都平陽水經汾水注引紀年晉烈公元年韓武子都平陽

八年趙城平邑水經河水注初學記八引紀年晉烈公四年趙城平邑

九年楚人伐我南鄙至于上洛水經丹水注路史國名紀引紀年晉烈公三年楚人伐我南鄙至于上洛

十一年田公子居思伐邯鄲圍平邑水經河水注引紀年晉烈公五年田公子居思伐邯鄲圍平邑說見古本紀年輯校

於越滅滕史記越王句踐世家索隱引紀年於粵子朱句三十四年滅滕路史國名紀引作朱句三十年

十二年於越子朱句伐郯以郯子鴣歸水經沂水注引紀年晉烈公四年於越子朱句伐郯以郯子鴣歸史記索隱引朱句三十五年

滅鄭

十四年於越子朱句卒子翳立史記越王句踐世家引紀年朱句三十七年卒

十六年齊田肸及邯鄲韓舉戰于平邑邯鄲之師敗逋遂獲韓舉取平邑新城水經河水注引紀年晉烈公十年齊田肸及邯鄲韓舉戰于平邑邯鄲之師敗逋遂獲韓舉取平邑新城說見古本紀年輯校

十七年魏文侯伐秦至鄭還築汾陰郃陽史記魏世家魏文侯十七年西攻秦至鄭而還築雒陰合陽六國表略同皆在威烈王十八年惟水經河水注云周威烈王之十七年魏文侯伐秦至鄭還築汾陰郃陽此本之

田悼子卒田布殺其大夫公孫孫公孫會以廩丘叛于趙田布圍廩丘翟角趙孔屑韓氏救廩丘及田布戰于龍澤田師敗逋水經瓠子水注引紀年晉烈公十一年田悼子卒田布殺其大夫公孫孫公孫會以廩丘叛于趙田布圍廩丘翟角趙孔屑韓師救廩丘及田布戰于龍澤田布敗逋

十八年王命韓景子趙烈子及我師伐齊入長垣水經汾水注引紀年晉烈公十二年王命韓景子趙烈子及翟員伐齊入長城

二十三年王命晉卿魏氏趙氏韓氏爲諸侯史記周本紀威烈王二十三年命韓魏趙爲諸侯

二十四年王陟史記周本紀威烈王二十四年崩

安王史記周本紀威烈王崩子安王驕立

元年庚辰史記六國表安王元年集解徐廣曰庚辰

九年晉烈公卒子桓公立原注韓非子作桓侯　史記晉世家二十年烈公卒子孝公頎立索隱紀年以孝公爲桓公故韓非子有晉桓侯

十年己丑原注晉桓公頃元年史記六國表安王十年晉孝公傾元年

十五年魏文侯卒原注在位五十年史記六國表安王十六年爲魏武侯元年是文侯卒于十五年計在位三十八年然古紀年載文侯武侯在位年數均與史記不同史記魏世家索隱引紀年云文侯五十卒武侯二十六年卒以惠成王元年逆推之文侯之卒當在安王五年

大風晝昬見下

晉太子喜出奔御覽八百七十九引史記烈公二十二年國大風晝昬自旦至中明年太子喜出奔

十六年原注乙未魏武侯擊元年史記六國表安王十六年魏武侯元年

封公子緩史記魏世家索隱引紀年魏武侯元年封公子緩說見古本紀本輯校

二十一年韓滅鄭哀侯入于鄭史記韓世家索隱引紀年魏武侯二十一年韓滅鄭哀侯入于鄭此以爲安王二十一年誤

二十三年於越遷于吳史記越王句踐世家索隱引紀年翳三十三年遷于吳

三十六年王陟史記周本紀安王立二十六年崩

魏城洛陽及安邑王垣史記魏世家索隱引紀年魏武侯十一年城洛陽及安邑王垣

七月於越太子諸咎弒其君翳十月越人殺諸咎越滑吳人立子錯枝爲君史記越王句踐世家索隱引紀年翳三十六年七月太子諸咎弒其君翳十月粵殺諸咎粵滑吳人立子錯枝爲君

烈王史記周本紀安王崩子烈王喜立

元年丙午史記六國表烈王元年集解徐廣曰丙午

魏公子緩如邯鄲以作難史記魏世家索隱引紀年惠成王七年公子緩如邯鄲以作難

於越大夫寺區定越亂立初無余是爲莽安史記越王句踐世家引紀年明年大夫寺區定粵亂立無余

二年秦胡蘇帥師伐韓韓將韓襄敗胡蘇于酸水水經濟水注引紀年秦胡蘇帥師伐鄭韓襄敗秦胡蘇于酸水不云何年

魏鷃諸侯于范臺魏策梁主魏嬰鷃諸侯于范臺

晉桓公邑哀侯于鄭韓山堅賊其君哀侯史記韓世家索隱引紀年魏武侯二十二年晉桓公邑哀侯于鄭韓山堅賊其君哀侯

六年原注辛亥梁惠成王元年 史記六國表烈王六年魏惠王元年

韓共侯趙成侯遷晉桓公于屯留原注以後更無晉事 史記晉世家索隱引紀年桓公二十年趙成侯韓共侯遷桓公于屯留水經濁漳水注引梁惠成王元年韓共侯趙成侯遷晉桓公于屯留索隱云以後更無晉事

趙成侯偃韓懿侯若伐我葵水經沁水注引紀年梁惠成王元年趙成侯偃韓懿侯若伐我葵史記索隱引武侯元年封公子緩趙侯種韓懿侯伐我取蔡年與人地名偶譌

七年王陟史記周本紀七年烈王崩

我師伐趙圍濁陽史記魏世家索隱引紀年惠成王伐趙圍濁陽

齊田壽帥師伐我圍觀觀降水經河水注引紀年梁惠成王二年齊田壽帥師伐我圍觀觀降

魏大夫王錯出奔韓史記魏世家集解引紀年惠王二年魏大夫王錯出奔韓

顯王史記周本紀烈王崩弟扁立是爲顯王

元年癸丑史記六國表顯王元年集解徐廣曰癸丑

鄭城邢邱原注自此韓改稱曰鄭 水經河水注引紀年梁惠成王三年鄭城邢邱

秦子向命爲藍君水經渭水注引紀年梁惠成王三年秦子向命爲藍君

二年河水赤于龍門三日水經河水注引紀年梁惠成王四年河水赤于龍門三日

三年公子景賈帥師伐鄭韓明戰于陽我師敗逋水經濟水注引紀年惠成王五年公子景賈帥師伐鄭韓明戰于陽我師敗逋

四年夏四月甲寅徙邦于大梁水經渠水注引紀年梁惠成王六年四月甲寅徙都于大梁漢書高帝紀注引亦作六年史記魏世家集解孟子正義引皆作九年

王發逢忌之藪以賜民漢書地理志注臣瓚引紀年梁惠王發逢忌之藪以賜民左哀十一年疏引發作廢

於越寺區弟思弑其君莽安次無顓立史記越王句踐世家索隱無余之十二年寺區弟思弑其君莽安次無顓立

五年雨碧于郢御覽八百九廣韻二十二昔引紀年惠成王七雨碧年于郢

地忽長十丈有餘高尺半御覽八百八十引紀年梁惠成王七年地忽長十丈有餘高尺半

六年我師伐邯鄲取列人我師伐邯鄲取肥水經濁漳水注引紀年梁惠成王八年惠成王伐邯鄲取列人伐邯鄲取肥

雨黍于齊御覽八百七十七引史記梁惠成王八年雨黍于齊

七年我與邯鄲 趙 榆次陽邑水經洞渦水注引紀年梁惠成王九年與邯鄲榆次陽邑

王會鄭釐侯于巫沙 水經濟水注引紀年梁惠成王九年王會鄭釐侯于巫沙

八年入河水于圃田又爲大溝而引圃水 水經渠水注引紀年惠成王十年入河水于甫田又爲大溝而引甫水

瑕陽人自秦導岷山青衣水來歸 水經青衣水注引紀年梁惠成王十年瑕陽人自秦導岷山青衣水來歸

九年秦師伐鄭次于懷 城殷 水經沁水注引紀年秦師伐鄭次于懷城殷不云何年

十年楚師出河水以水長垣之外 水經河水注引紀年梁惠成王十二年楚師出河水以水長垣之外

龍賈帥師築長城于西邊 水經濟水注引紀年梁惠成王十二年龍賈帥師築長城于西邊

鄭取屯留尚子 水注濁漳水注御覽一百六十三引紀年梁惠成王十二年鄭取屯留尚子涅

十一年鄭釐侯使許息來致地平邱戶牖首垣諸邑及鄭馳地我取枳道與鄭鹿 水經河水注引紀年梁惠成王十一年鄭釐侯使許息來致地平邱戶牖首垣諸邑及鄭馳道我取枳道與鄭鹿此誤爲顯王十一年事

王及鄭釐侯盟于巫沙以釋宅陽之圍歸釐于鄭 水經濟水注引紀年梁惠成王十三年王及鄭釐侯盟于巫沙以釋宅陽之圍歸釐于鄭

十二年魯恭侯宋桓侯衛成侯鄭釐侯來朝 史記魏世家索隱引紀年梁惠成王十四年魯恭侯宋桓侯衛成侯鄭釐侯來朝

於越子無顓卒是爲菼蠋卯次無疆立 史記越王句踐世家索隱引紀年無顓八年薨是爲菼蠋卯

十三年邯鄲成侯會燕成侯于安邑 史記六國表集解引紀年惠王十五年邯鄲成侯會燕成侯于安邑

十四年秦公孫壯伐鄭圍焦城不克 水經渠水注引紀年梁惠成王十六年秦公孫壯伐鄭圍焦城不克

秦公孫壯帥師城上枳安陵山民 水經渠水注引紀年梁惠成王十六年秦公孫壯帥師城上枳安陵山氏

邯鄲伐衛取漆富兵城之 水經濟水注引紀年梁惠成王十六年邯鄲伐衛取漆富兵城之

齊師及燕戰于泃水齊師遁 水經鮑邱水注引紀年梁惠成王十六年齊師及燕戰于泃水齊師遁

十五年齊田期伐我東鄙戰于桂陽我師敗逋 水經濟水注引紀年梁惠成王十七年齊田期伐我東鄙戰于桂陽我師敗逋

東周與鄭高都 水經伊水注引紀年梁惠成王十七年東周與鄭高都利

鄭釐侯來朝中陽 水經渠水注引紀年梁惠成王十七年鄭釐侯來朝中陽

宋景鼓衛公孫倉會師圍我襄陵 水經淮水注引紀年梁惠成王十七年宋景敾衛公孫倉會師圍我襄陵

十六年王以韓師諸侯師縣于襄陵 水經淮水注引紀年梁惠成王十八年王以韓敗諸侯師于襄陵

齊侯使楚景舍來求成 水經淮水注引紀年齊侯使楚景舍來求成與前事同年

邯鄲之師敗我師于桂陵 原注秦伐韓關與惠成王使趙靈破之不知是何年 史記魏世家索隱梁惠成王十八年趙又敗魏桂陵

十七年燕伐趙圍濁鹿趙靈王及代人救濁鹿敗燕師于勺 水經聖水注引紀年燕人伐趙圍濁鹿趙武靈王及代人救濁鹿敗燕師于勺梁不云何年

晉取元武濩澤 原注卽雷澤舜漁處 水經沁水注引紀年梁惠成王十九年晉取元武濩澤

十八年齊築房以爲長城 水經汶水注引紀年梁惠成王二十年齊築防以爲長城

十九年王如衛命公子南爲侯 水經汝水注史記周本紀集解漢書武帝紀注引紀年子南勁朝于魏後惠成王如衛命子南爲侯不云何年

二十年

二十一年魏殷臣趙公孫裒伐燕還取夏屋城曲逆水經滱水注引紀年魏殷臣趙公孫裒伐燕還取夏屋城曲逆不云何年

二十二年壬寅孫何侵楚入三戶郛水經丹水注引紀年壬寅孫何侵楚入三戶郛不云何年

楚伐徐州史記越王句踐世家索隱引紀年越子無顓薨後十年楚伐徐州

二十三年魏章帥師及鄭師伐楚取上蔡水經汝水注引紀年魏章率師及鄭師伐楚取上蔡不云何年

孫何取濦陽水經潁水注引紀年孫何取濦陽不云何年

秦孝公會諸侯于逢澤史記六國表顯王二十七年秦孝公會諸侯于澤集解徐廣曰紀年作逢澤水經渠水注同

絳中地坼西絕于汾水經汾水注引紀年梁惠成王二十五年絳中地坼西絕于汾

二十四年魏敗韓馬陵史記魏世家索隱引紀年惠成王二十六年敗韓馬陵

二十五年

二十六年穰疵帥師及鄭孔夜戰于梁赫鄭師敗逋水經渠水注引紀年梁惠成王二十八年穰苴帥師及鄭孔夜戰于梁赫鄭師敗逋

與齊田肦戰于馬陵史記魏世家索隱引紀年二十八年與齊田肦戰于馬陵孫子吳起列傳索隱引作惠成王二十七年十二月乃紀年本文魏世家索隱作二十八年則改從周正

二十七年五月齊田肦及宋人伐我東鄙圍平陽水經泗水注引紀年梁惠成王二十九年五月齊田肦及宋人伐我東鄙圍平陽

九月秦衛鞅伐我西鄙史記魏世家索隱引紀年梁惠成王二十九年五月齊田肦伐我東鄙九月秦衛鞅伐我西鄙十月邯鄲伐我北鄙王攻衛鞅我師敗績

十月邯鄲伐我北鄙見上

王攻衛鞅我師敗逋見上

二十八年城濟陽水經濟水注引紀年梁惠成王三十年城濟陽

秦封衛鞅于鄔改名曰尙水經濁漳水注路史國名紀引紀年梁惠成王三十年秦封衛鞅于鄔改名曰商

二十九年邳遷于薛水經泗水注引紀年梁惠成王三十一年邳遷于薛史記索隱引同正義引作三十年

三月爲大溝于北郛以行圃田之水水經渠水注引紀年梁惠成王三十一年九月爲大溝于北郛以行圃田之水

三十年

三十一年秦蘇胡帥師伐鄭韓襄敗秦蘇胡于酸水不知何年附此重出

三十二年

三十三年鄭威侯與邯鄲圍襄陵史記韓世家索隱引紀年威侯七年與邯鄲圍襄陵當在顯王四十二年

三十四年魏惠成王三十六年改元稱一年春秋經傳集解後序惠王三十六年改元後從一年始至十六年而稱惠成王卒史記魏世家集解今案古文惠成王三十六年改元稱一年改元後十七年卒

王與諸侯會于徐州史記六國表魏襄王元年與諸侯會徐州以相王

於越子無疆伐楚史記越王句踐世家越遂釋齊而伐楚

三十五年楚吾得帥師及秦伐鄭圍綸氏原注不知何年附此水經潁水注後漢書黄瓊傳注路史後紀十三引紀年楚吾

得師師及秦伐鄭圍綸氏皆不云何年

三十六年楚圍齊于徐州遂伐於越殺無彊史記六國表顯王三十六年楚圍齊于徐州越王句踐世家楚大敗越殺王無彊盡取吳故地至浙江北破齊于徐州徐廣曰周顯王之四十六年案六國表四十六年乃三十六年之譌此本表言之

三十七年

三十八年龍賈及秦師戰于雕陰我師敗逋史記魏世家襄王五年秦敗我龍賈軍四萬五千于雕陰

王會鄭威侯于巫沙史記韓世家索隱引紀年成侯七年王會鄭威侯于巫沙此較前四年

三十九年秦取我汾陰皮氏史記六國表顯王四十年魏襄王六年秦取我汾陰皮氏

四十年

四十一年秦歸我焦曲沃史記六國表顯王四十年魏襄王八年秦歸我焦曲沃

四十二年九鼎淪泗沒于淵史記封禪書或曰宋太邱社亡而九鼎沒于泗水彭城下其後百一十五年而秦并天下案此距秦并天下一百五年

四十三年

四十四年

四十五年楚敗我襄陵史記六國表顯王四十六年楚敗魏襄陵

四十六年

四十七年

四十八年王陟史記周本紀四十八年顯王崩

慎靚王史記周本紀顯王崩子慎靚王定立

元年辛丑史記六國表慎靚王元年集解徐廣曰辛丑

秦取我曲沃平周史記六國表顯王四十七年魏襄王十三年秦取曲沃平周此較後二年

二年魏惠成王薨春秋經傳集解後序紀年惠王三十六年改元從一年始至十六年而稱惠成王卒史記集解謂惠成王三十六年改元稱一年改元後十七年卒此從集解說

三年今王元年史記六國表慎靚王三年魏哀王元年

四年

五年

六年鄭侯使韓辰歸晉陽及向二月城陽向更名陽爲河雍向爲高平水經濟水注引紀年鄭侯使韓辰歸晉陽及向二月城陽向更名陽爲河雍向爲高平不云何年史記趙世家集解引末二句作魏襄王四年此從之

隱王原注史記作赧王名延蓋赧隱聲相近史記周本紀慎靚王立六年崩子赧王延立

元年丁未史記六國表周赧王元年集解徐廣曰丁未

十月鄭宣王來朝梁史記韓世家索隱引紀年威侯七年十月鄭宣王朝梁繫此誤

燕子之殺公子平不克齊師殺子之醢其身史記燕召公世家索隱引紀年燕人殺公子平集解引齊人禽子之而醢其身據六國表事在此年

二年齊地暴長長丈餘高一尺御覽八百八十引紀年周隱王二年齊地暴長長丈餘高一尺

魏以張儀爲相史記六國表赧王二年張儀來相楚此誤以爲相魏

三年韓明帥師伐襄邱水經濟水注引紀年魏襄王七年韓明帥師伐襄邱

秦王來見于蒲坂關水經河水注引紀年魏襄王七年秦王來見于蒲坂關

四月越王使公師隅來獻舟三百箭五百萬及犀角象齒水經河水注魏襄王七年四月越王使公師隅來獻乘舟始罔及舟三百箭五百萬犀角象齒焉

五月張儀卒史記張儀傳索隱引紀年梁哀王九年五月卒

四年翟章伐衛史記魏世家索隱引紀年梁哀王八年翟章伐衛

魏敗趙將韓舉史記韓世家索隱引紀年敗韓舉在威侯八年說見古本紀年輯校

五年洛入成周山水大出水經洛水注引紀年魏襄王九年洛入成周山水大出

六年十月大霖雨疾風河水酸棗水經河水注引紀年魏襄王十年十月大霖雨疾風河水溢酸棗郛

楚庶章帥師來會我次于襄邱水經濟水注引紀年魏襄王九年楚庶章帥師來會我次于襄邱

七年翟章救鄭次于南屈原注此年未的水經河水注漢書地理志注引紀年翟章救鄭次于南屈不云何年

八年秦公孫爰帥師伐我皮氏翟章帥師救皮氏圍疾西風水經汾水注引紀年魏襄王十二年秦公孫爰帥師伐我皮氏翟章帥師救皮氏圍疾西風

九年城皮氏水經汾水注引紀年魏襄王十二年城皮氏

十年

十一年

十二年秦拔我蒲坂晉陽封谷史記魏世家哀王十六年秦拔我蒲坂陽晉封陵索隱云紀年作晉陽封谷

十三年邯鄲命吏大夫奴遷于九原將軍大夫適子代吏皆貉服水經河水注引紀年魏襄王十七年邯鄲命吏大夫奴遷于九原又命將軍大夫適子戍吏皆貉服

十四年

十五年薛侯來會王于釜邱水經濟水注引紀年魏襄王十九年薛侯來會王于釜邱

楚入雍氏楚人敗史記韓世家集解周本紀赧王八年之後云楚圍雍氏此當韓襄王十二年魏哀王十九年紀年於此亦說楚入雍氏楚人敗

十六年王與齊王會于韓史記六國表赧王十六年魏哀王二十年魏王與齊王會于韓

今王終二十年春秋經傳集解後序紀年今王終二十年史記魏世家索隱汲冢紀年終于哀王二十年

疏下

後學上虞羅繼祖校